瓶いっぱいの
旬のおいしさ召し上がれ

果物をとことん楽しむ

果実酒、ジャム、シロップ

大庭英子

成美堂出版

はじめに

ジャムやシロップを作るのが好きです。
色がきれいで、香りがよく、陽に当たるとキラキラと輝いて、
果物ならではの力強さと魅力が瓶の中にギュッと詰まっている感じ。
食べる楽しみもあるけれど、作る楽しみの方が勝るかもしれません。
季節を感じることができる、そのときだけのお楽しみでもあります。

ジャムや果実酒を作りはじめたのは、かれこれ40年以上前。
はじめは、春はいちご、夏は桃、秋はぶどうといちじく、冬はりんご。
どれもご近所の家や友人の家の庭に
たわわに実っている果実をもいで作っていました。
果実酒は梅酒、かりん酒、それから、赤い小さい実のユスラウメ。
季節のものを無駄なくおいしく食べるための知恵であり、
漬けものやつくだ煮を作るように、普通のことのように作っていました。
そのうち果物の種類が増えていって、
今ではこの本でご紹介できるくらいレパートリーが広がっています。

おいしく作るポイントは、新鮮でおいしいものを使うこと。
「果物はいつもどこで買っているんですか」と聞かれることがありますが、
出盛りの時期に、店頭で見て買うのが一番のおすすめです。
旅先などでおいしい果物に出会い、
毎年取り寄せるようになったものもありますが、
ネットで見ただけで買うと、届いたはいいけれど
忙しくてすぐに作れない、ということもあります。
そうするとその間に鮮度が落ちて、おいしさも半減。
時間のあるときに作らないと、作業が雑になるし、楽しみも半減。
ぜひ果物が新鮮なうちに作ってみてください。

この本でご紹介しているのは、果実酒、ジャム、シロップ、
シロップ漬け、シロップ煮、ビネガーなど。
今や保存食という枠を超え、
旬の果物を楽しむためのアイテムばかり。
季節を感じながら作るワクワク感、思い通りにできたときの満足感、
そして、瓶に詰めた手作りの味を誰かに手渡すときの喜びは、最高です。

大庭英子

◆目次

盛夏

秋

（野菜）

◆基本的に材料は作りやすい分量で表記しています。果物には個体差があるので、あくまでも目安です。
◆計量単位は1カップ＝200㎖、大さじ1＝15㎖、小さじ1＝5㎖です。
◆塩は精製されていないものを使っています。
◆グラニュー糖の分量は、おいしさや保存性の観点から割り出しています。分量に幅がある場合は、お好みで加減してください。
◆保存期間は、飲み頃、食べ頃になってからの期間です。

果実の楽しみ方はいろいろ

店頭に山盛り積まれた旬の果実は
そのまま食べてももちろんおいしいですが、
そのおいしさをいろいろな形にして楽しめたら
果実の世界がもっと広がります。
手作りならではの醍醐味です。

果実酒

果実を砂糖とともにお酒に漬けたもの。砂糖は氷砂糖、お酒はホワイトリカーを用いるのが一般的。味だけでなく、果実の色や香りが楽しめます。

シロップ漬け・はちみつ漬け

果実をシロップやはちみつで漬けたもの。果実のフレッシュ感が楽しめます。はちみつは好みのものを使います。

ジャム・マーマレード・クリーム

ジャムは「押しつぶす」「詰め込む」という意味があり、果肉や果汁に砂糖を加えて煮詰めたもの。柑橘類のジャムはマーマレードと呼ばれます。クリームはバターや牛乳などを使ったクリーミーな味わいのもの。

シロップ

果実に砂糖をまぶしてしばらくおき、糖蜜状態にしたもの。果実自体がもつ水分や糖分が生かされます。

ビネガー・ジュース

ビネガーは、氷砂糖とりんご酢を用いるのが基本。ジュースは、グラニュー糖と水、色を鮮やかにするために酢やレモン果汁、クエン酸などを加えます。果実の香りや甘みを味わえるのが魅力。

コンポート

コンポートは元来、柑橘の皮などで香りをつけたシロップで果実を丸ごと、または割って煮たものという意味でしたが、今ではワインやスパイスを加えたシロップ煮が主。シロップ漬けの果実を楽しみます。

シロップ煮

果実をシロップで煮たもの。水と砂糖で作るシンプルなシロップで煮るのが基本。果実だけでなく、シロップも一緒に食べることが前提です。

果実酒はこうして作る

果実酒は果実を氷砂糖と一緒にお酒に漬けるだけ。

氷砂糖は純度が高いので濁りにくく、ゆっくりと溶けるので果実のエキスをじっくりと引き出してくれます。

＊ここでは「いちご酒」を例にとって紹介します。

◆基本の材料

果実(ここではいちご)
氷砂糖
ホワイトリカー

◆材料と瓶を用意

いちごの場合、いちご2パック(500g)、氷砂糖250g、ホワイトリカー(またはホワイトラム)650～700mℓを用意。保存瓶はきれいに洗って水気を拭く。

◆果実の下ごしらえ

1 いちごはヘタがついたまま洗う。

2 ザルに上げてヘタを切る。

3 キッチンペーパーまたはやわらかい布巾で水気を拭く。

◆漬ける

4 保存瓶にいちごの½量を入れ、氷砂糖の½量を入れる。

5 残りのいちご、残りの氷砂糖を順に入れる。

6 ホワイトリカー(またはホワイトラム)を注ぐ。

7 きっちりとふたをする。冷暗所に2ヶ月ほどおく。

◆漬け上がったら

8 漬け上がり。

9 いちごを取り出し、ふたをして冷暗所に保存する。

シロップはこうして作る

シロップは、果実にグラニュー糖をまぶしてしばらくおくだけで完成。グラニュー糖は甘みがさっぱりしていてクセがなく、溶けると透明感が出るので、きれいな色のシロップになります。

＊ここでは「いちごシロップ」を例にとって紹介します。

◆基本の材料

果実(ここではいちご)
グラニュー糖

◆材料と瓶を用意

いちごの場合、いちご1パック(250g)、グラニュー糖230gを用意。甘いいちごの場合はレモン果汁も用意。保存瓶は煮沸する(p.11)。大きい瓶の場合はきれいに洗って水気を拭く。

◆果実の下ごしらえ

1 いちごはヘタがついたまま洗う。

2 ザルに上げてヘタを切る。

3 キッチンペーパーまたはやわらかい布巾で、水気を拭く。

◆グラニュー糖をなじませる

4 いちごを横半分に切って保存瓶に入れていく。

5 グラニュー糖を加える。レモン果汁を加える場合はここで。

6 きっちりとふたをして、いちごとグラニュー糖が混ざるように瓶を回す。

7 1週間ほど常温におき、1日1回瓶を傾けて回し、全体を絡める。

◆砂糖が完全に溶けたら

8 万能濾し器で濾す。

9 保存瓶に入れてふたをし、冷蔵庫で保存する。

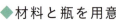

ジャムはこうして作る

果実にグラニュー糖をまぶしてしばらくおき、十分に汁気が出たら、一気に水分を飛ばしながら煮ます。グラニュー糖の分量は、果実の正味分量の60〜70％が基本です。

＊ここでは「いちごジャム」を例にとって紹介します。

◆基本の材料

果実（ここではいちご）
グラニュー糖
レモン

◆材料と瓶を用意

いちごの場合、いちご4パック（1kg）、グラニュー糖600〜700g、レモン果汁½カップを用意。保存瓶は煮沸する（下記参照）。

◆果実の下ごしらえ

1 いちごはヘタがついたまま洗い、ザルに上げて水気をきる。

2 ヘタを切り、縦半割りにする。ここで、重量をはかり、グラニュー糖の量を決める。

◆グラニュー糖をなじませる

3 鍋（ステンレスまたはホーロー）にいちごを入れ、グラニュー糖を加えて木べラで混ぜる。

4 4〜6時間おいてグラニュー糖を溶かし、底から混ぜる。

◆煮る

5 強めの中火にかけ、煮立ったら、弱めの中火にしてアクをていねいに取り、15分ほど煮る。

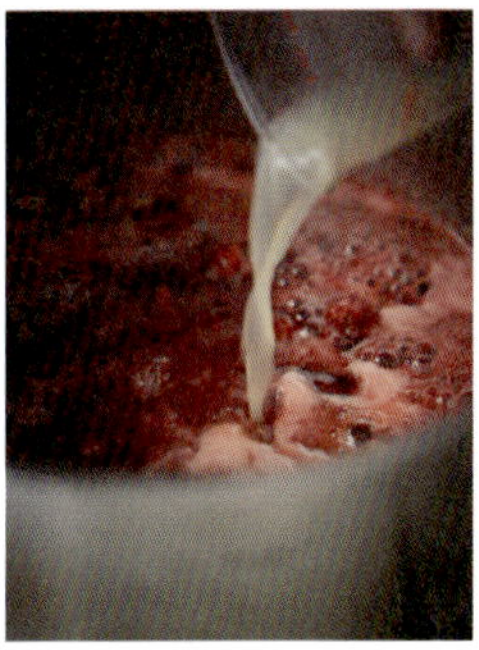

6 レモン果汁を加え、さらに3〜5分煮る。

◆瓶に詰める

7 ジャムが熱いうちに、熱い保存瓶にめいっぱい入れる。熱いので軍手をするといい。

8 瓶の縁を水でぬらした布巾で拭いてきれいにし、きっちりとふたをする。脱気し、冷めたら冷蔵庫で保存。

瓶の脱気は……

鍋にジャムが入った瓶を入れ、上から八分目ぐらいまで湯を注ぎ、中火にかける。煮立ってから5〜10分加熱して脱気（空気抜き）し、取り出してそのまま冷ます。

瓶の煮沸は……

鍋に瓶とふたを入れ、完全にかぶるくらいまで水を入れ、強めの中火にかける。沸騰したらやや火を弱めて5〜6分煮沸する。トングで取り出し、瓶の口を下にして並べ、きれいな布巾で拭く。

果実酒の楽しみ方

果実酒は保存期間が比較的長いので、時間をかけて楽しむことができるのが魅力。時間が経つほどに変化していくおいしさを味わうことができます。

お酒として

常温でストレート、冷やしてストレート、氷を入れてロックで……と、まずはそのままで味わいます。炭酸割り、クラッシュアイス入り、お湯割りなどお好みで。

カクテル感覚で

ビールやワインで割ってみたり、コーラで割ってみたり。果実酒以外のアルコールと合わせてみるのも楽しい。

色を生かしてデザートにも

いちご、梅、ブルーベリーなど、色と香りが強いものは、ゼラチンでかためてゼリーにしたり、寒天でかためてフルーツ寒天にしてもおいしい。

果実酒をプラスしておいしさ倍増

バニラアイスクリームにかけたり、生クリームを泡立てるときに加えたりすると　ほんのりお酒が効いた大人のおやつになります。

シロップの楽しみ方

手作りのシロップは、果実のフレッシュなおいしさが醍醐味なので、大量に作りおきをするより作りやすい分量でさっと仕込み、早めに使い切るのがおすすめです。

シロップとして

かき氷のシロップ、白玉やみつ豆、ところてん、葛切りのシロップなどに使います。

ドリンクとして

冷水や炭酸水で割って楽しんだり、寒い時期には、お湯で割ったりホットミルクや甘酒に加えても。

一手間かけて暑い日のおやつに

炭酸水で割ってバニラアイスクリームをのせれば、クリームソーダになります。いちごのシロップを使えばいちごのクリームソーダ、レモンのシロップを使えばレモンクリームソーダに。ゼラチンでかためてゼリーにするのもおすすめ。

甘いカクテルに

シロップにジンやホワイトラムを組み合わせてカクテルにします。キーンと冷えた白ワインに加えてもおいしい。

ジャムの楽しみ方

さまざまな果実で作ることが可能なので、四季折々の味が楽しめるのが魅力。ふたをあけなければ保存期間が長いので、旬以外の時期にも活躍します。

パンと組み合わせて

パンにぬったりのせたり、ジャムサンドにしたり、フレンチトーストに添えたり。どんなパンにどんなジャムが合うか試してみるのも楽しいものです。

ヨーグルトやアイスクリームのトッピングに

ヨーグルトにのせたり混ぜたり、アイスクリームにかけたり。ジャムをトッピングするだけでおいしさが倍増します。

ティータイムのおやつに

ホイップクリームやカッテージチーズとともにクレープのフィリングにしたり、焼きたてホットケーキにバターと一緒にのせたり。ジャムの味と色、香りが加わるとワンランク上のおやつになります。

アイスキャンディーに

牛乳にジャムを混ぜて冷凍庫で凍らせるだけ。アイスキャンディー型に流し入れてアイスキャンディー棒を刺しておけば、アイスキャンディーになります。

ドリンクとして

ジャムをグラスに入れて氷水を注げばジュース、カップに入れてお湯を注げばホットフルーツドリンク。紅茶に入れてフルーツティーにしても。

和洋折衷のおやつに

柿ジャムと白玉団子、みかんジャムとチョコレートアイスクリームなど、新しい組み合わせを考えるのも楽しい。

チーズやクラッカーと一緒にオードブルに

リコッタチーズにのせてワインのお供、ハードチーズとカリカリトーストでウイスキーのお供、サワークリームとクラッカーでビールのおつまみ。ジャムはお酒ともマッチします。

料理の下味に

梅やパイナップル、柑橘系のジャムを肉の下味に使うと、焼いてもやわらかく、ほどよい甘みと香りがついておいしくなります。鶏肉、豚肉、牛焼き肉など、いずれにも使えます。

いちご

〔材料〕 作りやすい分量
いちご…2パック（500g）
氷砂糖…250g
ホワイトラム…650～700mℓ

保存期間・冷暗所で3ヶ月

いちご酒

香りがよくて真っ赤ないちごは、果実酒向き。きれいな色の果実酒になります。

〔作り方〕

1 いちごはヘタがついたまま洗い、ザルに上げてヘタを切る。キッチンペーパーでやさしく水気を拭く。

2 保存瓶にいちごと氷砂糖を交互に入れる。

3 ホワイトラムを注ぎ、きっちりとふたをする。冷暗所に2ヶ月ほどおく。

4 いちごを取り出し、ふたをして保存する。

◆こんな使い方で

いちご酒ゼリー

1 鍋に水に1⅓カップ、グラニュー糖大さじ4を入れて弱火にかけ、グラニュー糖が溶けたら、水適量でふやかした板ゼラチン6gを加えて火を止める。

2 いちご酒大さじ2～3を加えて混ぜ、ゼリー型などに流し入れ、粗熱を取り、冷蔵庫で冷やしかためる。

3 型から取り出して器に盛る。

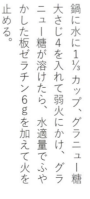

いちごシロップ

いちごの甘みと香りを生かした、人気のシロップ。簡単に作れるのがうれしい。

〔材料〕 作りやすい分量
いちご…1パック(250g)
グラニュー糖…230g
レモン果汁…大さじ2

保存期間・
冷蔵庫で2週間。早めに使い切る

〔作り方〕

1 いちごはヘタがついたまま洗い、ザルに上げてヘタを切る。

2 キッチンペーパーでやさしく水気を拭く。

3 いちごを横半分に切って保存瓶に入れ、グラニュー糖を加え、レモン果汁を入れる。きっちりとふたをして、いちごとグラニュー糖が混ざるように瓶を回す。

4 1週間ほど冷蔵庫に入れて1日1回、瓶を傾けて回し、全体を絡める。

5 グラニュー糖が完全に溶けたら、万能濾し器で濾し、保存瓶に入れてふたをし、冷蔵庫で保存する。

◆こんな使い方で
氷いちご
かき氷を作って器に山高に盛り、いちごシロップをかける。

いちごジャム

真っ赤に熟した小粒のいちごを使い、レモン果汁で酸味を立たせるのが、おいしさの秘訣。

〔材料〕 作りやすい分量

いちご(小粒)…4パック(1kg)
グラニュー糖…600～700g
（いちごの重量の60～70%）
レモン果汁…½カップ

保存期間・冷蔵庫で1年

〔作り方〕

1 いちごはヘタがついたまま洗い、ザルに上げて水気をきる。ヘタを切り、縦半割りにする。

2 鍋にいちご、グラニュー糖を入れて混ぜ、4～6時間おいてグラニュー糖を溶かす。

3 **2**の鍋を底から混ぜ、強めの中火にかける。煮立ったら、弱めの中火にしてアクをていねいに取り、15分ほど煮る。

4 レモン果汁を加え、さらに3～5分煮る。

5 熱いうちに保存瓶に入れてきっちりとふたをして、脱気する（p.11参照）。冷めたら冷蔵庫で保存する。

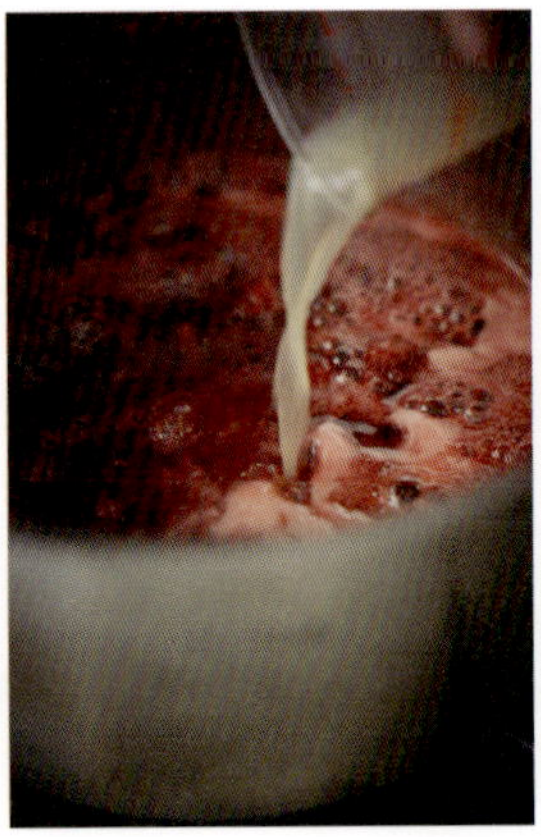

夏みかん

〔材料〕 作りやすい分量
夏みかん(無農薬)…2個(340g)
氷砂糖…170g
ホワイトリカー…500mℓ

保存期間・冷暗所で6ヶ月

夏みかん酒

酸味と香りの強い夏みかんで作るお酒はさわやかですっきりとした飲み心地。

〔作り方〕

1 夏みかんはタワシで皮を洗い、上下を少し切り落とす。½個分の表皮をむいて別にしておき、あとは白い部分と薄皮が残らないように皮をむく。

2 果肉は1cm厚さの輪切りにして種を取る。

3 保存瓶に夏みかんと氷砂糖を交互に入れ、最後に夏みかんの表皮を入れる。

4 ホワイトリカーを注ぎ、きっちりとふたをする。冷暗所に1ヶ月ほどおく。

5 表皮を取り出し、さらに1〜2ヶ月おく。

6 目印に果肉を1切れだけ残して取り出し、ふたをして保存する。果肉を残しておくと、なんの果実酒かすぐわかる。

◆こんな使い方で
炭酸割り
グラスに夏みかん酒を入れて冷たい炭酸水を注ぎ入れ、氷を入れる。

夏みかんシロップ

ちょっとほろ苦さのある、
柑橘ならではのシロップです。
よく冷やして白玉や寒天のデザートに。

〔材料〕 作りやすい分量

夏みかん…大１個（380g）
グラニュー糖…180g

保存期間・
冷蔵庫で２週間。
早めに使い切る

〔**作り方**〕

1 夏みかんは上下を少し切り落とし、皮をむいて1房ずつ分ける。

2 房の上の部分を切り落とし、底の部分に包丁を入れて薄皮を取り除き、種を取る。正味１８０g目安。

3 保存瓶に**2**を入れ、グラニュー糖を加え、きっちりとふたをして夏みかんとグラニュー糖が混ざるように瓶を回す。

4 1週間ほど常温において1日1回、瓶を傾けて回し、全体を絡める。

5 グラニュー糖が完全に溶けたら、万能濾し器で濾し、保存瓶に入れてふたをし、冷蔵庫で保存する。

◆こんな使い方で

白玉の夏みかんシロップ

1 ボウルに白玉粉½カップを入れ、水大さじ3～4を少しずつ加えて耳たぶ程度のかたさに練る。小さくちぎり、手で丸く形作る。

2 たっぷりの湯に入れてゆで、白玉が浮いてきてからさらに1分ほどゆで、冷水にとって冷ます。

3 水気をきって器に入れ、夏みかんシロップを注ぐ。

夏みかんマーマレード

◆作り方は28ページ

◆こんな使い方で

パン・ド・カンパーニュの夏みかんマーマレード

薄く切ったパン・ド・カンパーニュを軽くトーストし、夏みかんマーマレードをたっぷりとぬる。

夏みかんマーマレード

酸味とほろ苦さのバランスが絶妙。
皮も使うので、
無農薬のものを買い求めます。

〔材料〕 作りやすい分量
夏みかん(無農薬)…3個(1kg)
グラニュー糖…530〜630g
(夏みかんの正味重量の60〜70%)

保存期間・冷蔵庫で1年

〔作り方〕

1 夏みかんはタワシで皮をよく洗い、上下を少し切り落とし、皮に縦8等分になるように切り込みを入れて皮をむく。

2 果肉は1房ずつに分け、上の部分を切り落とし、底の部分に包丁を入れて薄皮を取り除き、種を取る。正味430g目安。

3 **1**の皮はできるだけ細切りにする。太いと口当たりが悪くなる。

4 鍋にたっぷりの湯を沸かし、**3**の皮を入れてざっと混ぜる。煮立ってから5分ほどゆで、ザルに上げてゆで汁をきる。正味460g目安。

5 **4**の鍋をきれいにし、**2**の果肉を手で握るようにしてつぶして入れ、**4**の皮、グラニュー糖を加えて混ぜ、グラニュー糖を溶かす。

6 **5**の鍋を底から混ぜ、中火にかける。煮立ったら弱めの中火にしてアクを取り、ときどき鍋底から混ぜながら、12〜15分煮る。少しとろっとしてツヤが出たらでき上がり。

7 熱いうちに保存瓶に入れてきっちりとふたをして、脱気する(p.11参照)。冷めたら冷蔵庫で保存する。

梅・赤じそ

梅酒

作って3ヶ月ほどで飲みはじめられますが、長く保存すると熟成されてまろやかな味に。

〔材料〕 作りやすい分量

青梅…1kg
氷砂糖…400～500g
ホワイトリカー…1800mℓ

保存期間・冷暗所で1～2年

〔作り方〕

1 青梅は洗い、ザルに上げて水気を拭き、竹串でヘタを刺すようにして取る。

2 保存瓶に青梅と氷砂糖を交互に入れる。

3 ホワイトリカーを注ぎ、きっちりとふたをする。冷暗所に3ヶ月以上おく。青梅は半年後あたりに取り出すとよい。

◆こんな使い方で

梅酒ロック

グラスに氷を入れ、梅酒を注ぐ。

梅シロップ

材料は青梅と氷砂糖だけといたってシンプル。梅はなるべく傷のないかたい青梅を。

〔材料〕 作りやすい分量
青梅…500g
氷砂糖…500g

保存期間・冷蔵庫で2週間

〔作り方〕

1 青梅は洗い、ザルに上げて水気を拭き、竹串でヘタを刺すようにして取る。

2 保存瓶に**1**と氷砂糖を交互に入れ、きっちりとふたをし、瓶をふるようにして傾けながら全体を混ぜる。

3 1日2回、瓶を傾けながら全体を混ぜ、2週間ほど常温におく。

4 梅がシワシワになってきたら、冷蔵庫で保存する。

◆こんな使い方で

寒天の梅シロップがけ

1 棒寒天½本は水につけて戻し、やわらかくなったら水気をかたく絞る。

2 鍋に水2カップを入れ、寒天をちぎり入れて中火にかけ、煮立ったら火を弱めて5分ほど煮る。濾しながらバットに流し入れ、粗熱が取れたら冷蔵庫で冷やしかためる。

3 かたまったらバットから取り出して小角切りにし、器に盛る。梅シロップの中の梅をそぎ切りにして散らし、梅シロップを注ぐ。

初夏の訪れを感じさせてくれる青梅と黄梅。
色や香り、味わいの違う2種類のジャムを作ります。

青梅ジャム

◆作り方は36ページ

黄梅ジャム

◆作り方は37ページ

青梅ジャム

〔材料〕 作りやすい分量

青梅…1kg

グラニュー糖…580 ～ 660g（青梅の正味重量の70～80%）

＊作り方2～3で使う銅板は、
デパートのキッチン道具売り場やネットなどで購入可。
銅板を入れてゆでるときれいな色に仕上がる。

保存期間・冷蔵庫で１年

〔作り方〕

1 青梅は水に1時間ほど浸して水気をきり、竹串でヘタを刺すようにして取る。

2 鍋に**1**と銅板を入れてかぶる程度の水を加えて中火にかけ、60～70℃になったら、弱火にして20分ほどゆでる。

3 **2**に流水を入れて人肌ぐらいまで冷まし、湯をかぶる程度残して捨てる。再び中火にかけ、60～70℃になったら弱火にし、20分ほどゆでる。これをもう1回繰り返し、青梅がやわらかくなるまでゆで、火を止めて粗熱を取る。銅板は取り出す。

4 青梅を静かにザルに上げてゆで汁をきり、食品用ゴム手袋をした手でつぶし、種を取り出す。正味830g目安。

5 青梅を鍋に戻し入れ、グラニュー糖を加えて混ぜ、グラニュー糖が完全に溶けるまで20～30分おく。

6 **5**の鍋を中火にかけ、煮立ったらアクを取り、底から混ぜながら5～8分煮る。

7 熱いうちに保存瓶に入れてきっちりとふたをして、脱気する（p.11参照）。冷めたら冷蔵庫で保存する。

◆こんな使い方で

青梅ジャムサンド

サンドイッチ用食パン（耳つき）にバターをぬり、2枚1組にして青梅ジャムを端までぬってサンドする。10分おいて落ち着かせ、耳を切り落として切り分ける。

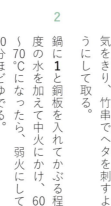

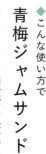

黄梅ジャム

〔**材料**〕 作りやすい分量

黄梅（完熟）…1kg

グラニュー糖…560 ～ 640g（黄梅の正味重量の 70 ～ 80%）

保存期間・冷蔵庫で１年

〔**作り方**〕

1 黄梅は洗い、ザルに上げて水気を拭き、竹串でヘタを刺すようにして取る。

2 黄梅は種のまわりの果肉を包丁で切り取って種を除き、5～6㎜幅に切る。正味800g目安。

3 鍋に**2**、グラニュー糖を入れて混ぜ、4～6時間おいてグラニュー糖を溶かす。

4 **3**の鍋を底から混ぜ、強めの中火にかける。煮立ったらアクをていねいに取りながら、6～8分煮る。

5 熱いうちに保存瓶に入れてきっちりとふたをして、脱気する（p.11参照）。冷めたら冷蔵庫で保存する。

◆こんな使い方で

鶏肉のジャムマリネ焼き

1 鶏もも肉1枚に数ヶ所切り込みを入れる。

2 ボウルに黄梅ジャム大さじ2、白ワイン大さじ1、塩小さじ1/3を合わせ、**1**を入れ、30分～1時間マリネする。

3 **2**の鶏肉の皮目を上にしてグリルで10～12分香ばしく焼き、食べやすい大きさに切る。ゆでじゃがいも、ズッキーニも焼いて添える。

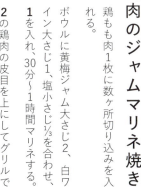

赤じそジュース

赤じそは、梅干しを作る季節にしか出回らない初夏ならではの食材。鮮やかなルビー色のジュースになります。ストレートでも炭酸で割っても。

〔材料〕 作りやすい分量

赤じその葉（枝から葉を摘んだもの）…200g
水…６カップ
グラニュー糖…200g
クエン酸…大さじ１

保存期間・冷蔵庫で３～４ヶ月

〔作り方〕

1. 赤じその葉は洗い、ザルに上げて水気をよくきる。
2. 鍋に分量の水を入れて火にかけ、煮立ったら、赤じそを入れて箸で押さえるようにしてしんなりさせ、5分ほど弱火で煮る。
3. **2**を万能濾し器で濾し、赤じその葉をスプーンなどで押さえて汁気を絞る。
4. 鍋に濾した煮汁を戻し入れ、中火にかける。グラニュー糖を入れて混ぜ、完全に溶けたらクエン酸を加えて混ぜながら溶かし、火を止める。
5. 熱いうちに保存瓶に入れ、冷めたら冷蔵庫で保存する。

◆こんな使い方で

赤じそジュースのシャーベット

1. バットなどに赤じそジュースを入れ、冷凍庫で凍らせる。ほぼ凍ったら、いったん出してフードプロセッサーに入れて攪拌し、バットに戻して冷凍庫に入れる。これを2回ほど繰り返し、凍らせる。数回繰り返すことで口当たりのよいシャーベットになる。
2. スプーンやフォークでかいて、冷やした器に盛る。

あんず

あんず酒

あんずの甘さと風味を感じる、口当たりのよいお酒。漬け込んだあんずは、好みで食べても。

〔材料〕作りやすい分量
あんず…500g
氷砂糖…150 ～ 250g
ホワイトラム…750㎖

保存期間・冷暗所で１年

〔作り方〕

1 あんずは洗ってザルに上げ、ヘタのあるものは竹串で取り、水気を拭く。

2 保存瓶に**1**と氷砂糖を交互に入れ、ホワイトラムを注ぎ、きっちりとふたをする。冷暗所に3～6ヶ月おく。

3 あんずを取り出し、またはそのまま保存する。

◆こんな使い方で

あんず酒ストレート

あんず酒に入っているあんず1個をグラスに入れ、あんず酒を注ぐ。

あんずジャム

あんずに酸味があるのでレモン果汁は不要。
ツヤがあって橙色に輝く、人気のジャムです。

〔材料〕 作りやすい分量

あんず…1kg
グラニュー糖…540～630g
（あんずの正味重量の60～70%）

保存期間・冷蔵庫で1年

〔作り方〕

1 あんずはさっと洗い、ザルに上げて水気をきり、ヘタのあるものは竹串で取り、水気を拭く。

2 あんずのくぼみに沿って縦に切り込みを入れて半分にし、種を取り除き、横3～4㎜幅に切る。正味900g目安。

3 鍋に**2**、グラニュー糖を入れて混ぜ、あんずの水分が出るまで4～6時間おく。

4 **3**の鍋を底から混ぜ、強めの中火にかけ、煮立ったら弱めの中火にしてアクを取り、8～10分煮る。

5 底が焦げやすいので木ベラで底を混ぜながら、さらに7～8分煮る。

6 熱いうちに保存瓶に入れてきっちりとふたをして、脱気する（p.11参照）。冷めたら冷蔵庫で保存する。

◆こんな使い方で

チーズ＋あんずジャム

器にフレッシュチーズを盛り、あんずジャムをかけて食べる。ここではリコッタチーズ。

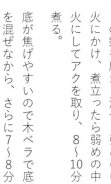

びわ

びわ酒

びわならではの穏やかな味わいの果実酒。
果肉だけでなく種も一緒に漬けると香りが立ちます。

〔材料〕 作りやすい分量
びわ…400g
氷砂糖…120 ～ 200g
ホワイトリカー…600mℓ

保存期間・冷暗所で５～６ヶ月

〔作り方〕

1 びわは表面の産毛をやわらかい布巾などでこすり落とすように洗い、ザルに上げてヘタを取り、水気を拭く。上下を少し切り落とし、縦半分に切り、種を取る。種も使うので捨てない。

2 保存瓶にびわの種を入れ、びわの果肉と氷砂糖を交互に入れてホワイトリカーを注ぎ、きっちりとふたをする。冷暗所で3～6ヶ月おく。

3 びわを取り出し、万能濾し器で濾して保存瓶に入れ、ふたをして保存する。

◆こんな使い方で

びわ酒ストレート

グラスにびわ酒を注いで、そのまま楽しむ。

びわジャム

びわは果肉がかためなので、ふたをして煮るのがポイント。
仕上げにレモン果汁を入れると、味がぼやけません。

〔材料〕 作りやすい分量
びわ…700g
グラニュー糖…360 ～ 420g（びわの正味重量の 60 ～ 70%）
レモン果汁…⅓ カップ

保存期間・冷蔵庫で 1 年

〔作り方〕

1 びわは洗って水気を拭き、ヘタを取る。皮をはがすようにしてむき、縦半分に切って種を取り除く。端から4～5㎜幅に切る。正味600g目安。

2 鍋にびわ、グラニュー糖を入れて混ぜ、4～6時間おいてグラニュー糖を溶かす。

3 **2**を底から混ぜ、強めの中火にかける。煮立ったら弱めの中火にしてアクを取り、木ベラでつぶすようにして混ぜ、ふたをして15分ほど煮る。

4 レモン果汁を加えて混ぜ、ふたをしないで3分ほど煮る。

5 熱いうちに保存瓶に入れてきっちりとふたをして、脱気する（p.11参照）。冷めたら冷蔵庫で保存する。

◆こんな使い方で
ヨーグルト＋びわジャム
器にプレーンヨーグルトを入れ、びわジャムをのせる。

パイナップル

（盛夏）

〔材料〕 作りやすい分量
パイナップル…１個（１kg）
氷砂糖…100 ～ 150g
レモングラス…２本
キルシュワッサー…１ℓ

保存期間・冷暗所で１年

パイナップル酒

香り高いキルシュワッサーで漬けてレモングラスを加えると、しゃれた味わいになります。

〔作り方〕

1 パイナップルは上下を切り落とし、立てて、縦に皮を厚めに切り落とす。縦４つ割りにして芯を切り取り、1.5～２㎝厚さに切る。正味５００g目安。

2 保存瓶にパイナップル、氷砂糖を交互に入れ、レモングラスを瓶に入る長さに切って加える。

3 キルシュワッサーを注ぎ、きっちりとふたをする。冷暗所に２ヶ月ほどおく。

4 パイナップルを取り出し、万能濾し器で濾して保存瓶に入れ、ふたをして保存する。

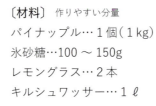

◆こんな使い方で
パイナップル酒ストレート
グラスにそのまま注いで、まずはパイナップルのもつ豊かな香りと味を楽しむ。

パイナップルジャム

パイナップルは甘いので、グラニュー糖の分量は少なめ。レモン果汁を多めに入れて味をキリッとさせます。

◆こんな使い方で

パイナップルジャムとカッテージチーズのクレープ

クレープにカッテージチーズをのせてくるくるっと巻き、器に盛り、パイナップルジャムとカッテージチーズをのせる。

〔材料〕 作りやすい分量

パイナップル…大１個（1.2kg）
グラニュー糖…300g
（パイナップルの正味重量の50％）
レモン果汁…½カップ

保存期間・冷蔵庫で１年

〔作り方〕

1 パイナップルは上下を切り落とし、縦に皮を厚めに切り落とす。らせん状に並んだ茶色い花芽の部分に沿って左右にV字に切り込みを入れて取り除く。縦４つ割りにして芯を切り取り、１～1.5㎝厚さに切る。正味６００g目安。

2 フードプロセッサーに**1**を入れて攪拌し、ピュレ状にする。

3 鍋に**2**、グラニュー糖を入れて混ぜ、強めの中火にかける。煮立ったら中火にしてアクを取り、20分ほど煮る。

4 レモン果汁を加え、さらに３～５分煮る。

5 熱いうちに保存瓶に入れてきっちりとふたをして、脱気する（p.11参照）。冷めたら冷蔵庫で保存する。

バナナ

〔材料〕 作りやすい分量

バナナ…5本（850～900g）
シナモンスティック…½本
白ワイン…½カップ
レモン果汁…½カップ
グラニュー糖…300g（バナナの正味重量の50%）
水…½カップ

保存期間・冷蔵庫で6ヶ月

バナナジャム

バナナは煮上がりが早いので、すぐにできるのがうれしい。白ワインやシナモンを加えてワンランク上のおいしさに。

〔作り方〕

1 バナナは皮をむいて8㎜～1㎝幅の輪切りにする。正味600g目安。

2 鍋にバナナ、シナモンスティック、白ワイン、レモン果汁、グラニュー糖、分量の水を入れて混ぜ、グラニュー糖を溶かす。

3 **2**の鍋を底から混ぜ、強めの中火にかける。煮立ったらアクを取り、中火にしてバナナをつぶすようにして混ぜながら、8～10分煮る。

4 シナモンスティックを取り出して8㎜くらいの幅に切る。

5 熱いうちに保存瓶に入れてシナモンスティック1片をのせ、ふたをきっちりとして、脱気する（p.11参照）。冷めたら冷蔵庫で保存する。

◆こんな使い方で

バナナジャムと生ハムのサンドイッチ

サンドイッチ用食パン（耳つき）にバターをぬり、2枚1組にしてバナナジャムと生ハムをサンドする。10分ほどおいて落ち着かせ、耳を切り落として切り分ける。

桃

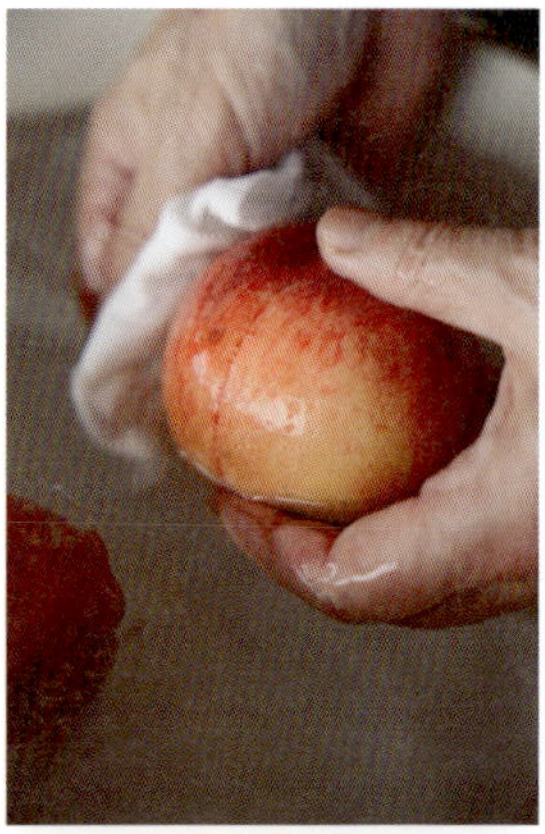

桃酒

果肉がかたく、糖度の高い桃で作るのがおすすめ。桃の香りがする、淡い琥珀色のお酒に仕上がります。皮つきのまま漬けると香りがよく、実くずれしません。

〔材料〕 作りやすい分量

桃（あかつきなど）…２個（360g）

氷砂糖…100g

ホワイトリカー…500 〜 600㎖

保存期間・冷暗所で２〜３ヶ月

〔作り方〕

1 桃は表面の産毛をやわらかい布巾などでこすり落とすようにして洗い、ザルに上げて水気を拭く。皮つきのまま2〜3㎝幅のくし形に切り、種を取る。

2 保存瓶に桃と氷砂糖を交互に入れてホワイトリカーを注ぎ、きっちりとふたをする。冷暗所で2〜3ヶ月おく。

3 万能濾し器で濾して保存瓶に入れ、ふたをして保存する。

◆こんな使い方で

アイスクリーム＋桃酒

器にバニラアイスクリームを盛り、桃酒をかける。

桃のコンポート

皮ごと煮た桃は色も香りもよく、
シナモンがアクセント。
シナモンのほか、バニラビーンズや
クローブを加えても。

〔材料〕 作りやすい分量
桃（あかつきなど）
…３個（540g）
水…２カップ
白ワイン…２カップ
グラニュー糖…200g
レモン果汁…大さじ４
シナモンスティック…½本

保存期間・冷蔵庫で２週間

〔作り方〕

1 桃は表面の産毛をやわらかい布巾などでこすり落とすようにして洗い、ザルに上げて水気を拭く。半分に切り、種をスプーンでくり抜く。

2 大きめの鍋に桃の切り口を下にして並べ、分量の水、白ワイン、グラニュー糖、レモン果汁、半分に折ったシナモンスティックを入れ、水でぬらしてかたく絞ったガーゼをかぶせる。

3 中火にかけ、煮立ったらふたをして弱火で15～20分煮る。火を止めてそのまま冷ます。

4 桃の皮をむいて保存容器に入れ、漬け汁を注ぎ、ふたをして冷蔵庫で保存する。

◆こんな使い方で

コンポート＋生クリーム

器に桃のコンポート1切れを盛り、漬け汁を少し注ぎ、とろりと泡立てた生クリームをのせる。

桃シロップジュース

桃のシロップ（漬け汁）に冷水を加えて混ぜ、氷を浮かべる。

桃ジャム

桃のやさしい味が
ジャムになることでグッと凝縮。
皮つきのまま使うと色も華やかに。

〔材料〕 作りやすい分量

桃(あかつきなど)…大5個(1kg)
グラニュー糖…480 ～ 560g
(桃の正味重量の 60 ～ 70%)
レモン果汁…⅓カップ

保存期間・冷蔵庫で1年

〔作り方〕

1 桃は表面の産毛をやわらかい布巾などでこすり落とすようにして洗い、ザルに上げて水気を拭く。縦4～6等分に切って種を取り、5～6㎜厚さに切る。正味800g目安。

2 鍋に桃、グラニュー糖を入れて混ぜ、4～6時間おいてグラニュー糖を溶かす。

3 **2**の鍋を底から混ぜ、強めの中火にかける。煮立ったらアクを取り、中火にして15分ほど煮る。

4 レモン果汁を加え、さらに5分ほど煮る。

5 熱いうちに保存瓶に入れてきっちりとふたをして、脱気する(p.11参照)。冷めたら冷蔵庫で保存する。

◆こんな使い方で

桃ジャムジュース

桃ジャム100gをピッチャーに入れ、氷水1カップを注ぐ。混ぜてからグラスに注ぐ。人が集まる日におすすめ。

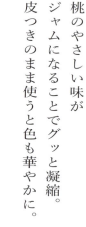

ブルーベリー

ブルーベリー酒

赤ワインのような色合いが美しく、フルーティーでほのかな酸味が魅力です。

〔材料〕作りやすい分量

ブルーベリー…200g
氷砂糖…50 ～ 70g
レモン(国産)の輪切り…4枚
ホワイトリカー…500mℓ

保存期間・冷暗所で5～6ヶ月

〔作り方〕

1 ブルーベリーは洗い、ザルに上げて水気を拭く。

2 保存瓶にブルーベリー、氷砂糖を交互に入れ、レモンを加える。

3 ホワイトリカーを注ぎ、きっちりとふたをする。冷暗所に2ヶ月おく。

4 ブルーベリーを取り出し、ふたをして保存する。

◆こんな使い方で

ブルーベリービール

グラスにブルーベリー酒を入れ、冷えたビールを注ぎ入れる。割合は好みで。

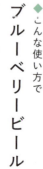

ブルーベリービネガー

ホワイトリカーとレモンの代わりに
りんご酢で漬ければ、自家製ビネガーになります。

〔材料〕 作りやすい分量

ブルーベリー…150g
氷砂糖…50g
りんご酢…300㎖

保存期間・冷蔵庫で３～４ヶ月

〔作り方〕

1 ブルーベリーは洗い、ザルに上げて水気を拭く。

2 保存瓶にブルーベリー、氷砂糖の順に入れ、りんご酢を注ぎ、きっちりとふたをする。冷暗所に1～2ヶ月おく。

◆こんな使い方で

ヨーグルトドリンク＋ブルーベリービネガー

グラスにヨーグルトドリンクを入れ、ブルーベリービネガーを加えて混ぜる。割合は好みで。

ブルーベリージャム

ブルーベリーは下ごしらえがいらないから気軽。
とろりとするまでしっかり煮詰めて仕上げます。

〔材料〕 作りやすい分量
ブルーベリー…800g
グラニュー糖…480g（ブルーベリーの重量の60%）
レモン果汁…⅓カップ

保存期間・冷蔵庫で1年

〔作り方〕

1 ブルーベリーは洗い、ザルに上げて水気をきる。

2 鍋にブルーベリーを入れ、食品用ゴム手袋をした手で握るようにしてつぶす。

3 **2**の鍋にグラニュー糖を加えて混ぜ、4時間ほどおいてグラニュー糖を溶かす。

4 **3**の鍋を底から混ぜ、強めの中火にかける。煮立ったら弱めの中火にしてアクを取り、15～20分煮る。

5 レモン果汁を加えて混ぜ、とろりとするまでさらに5分ほど煮る。

6 熱いうちに保存瓶に入れてきっちりとふたをして、脱気する（p.11参照）。冷めたら冷蔵庫で保存する。

◆こんな使い方で

フレンチトーストのブルーベリージャムのせ

フランスパンのフレンチトーストにブルーベリージャムをかけ、粉糖をふる。ジャムが甘いから、フレンチトーストはグラニュー糖を入れないで作る。

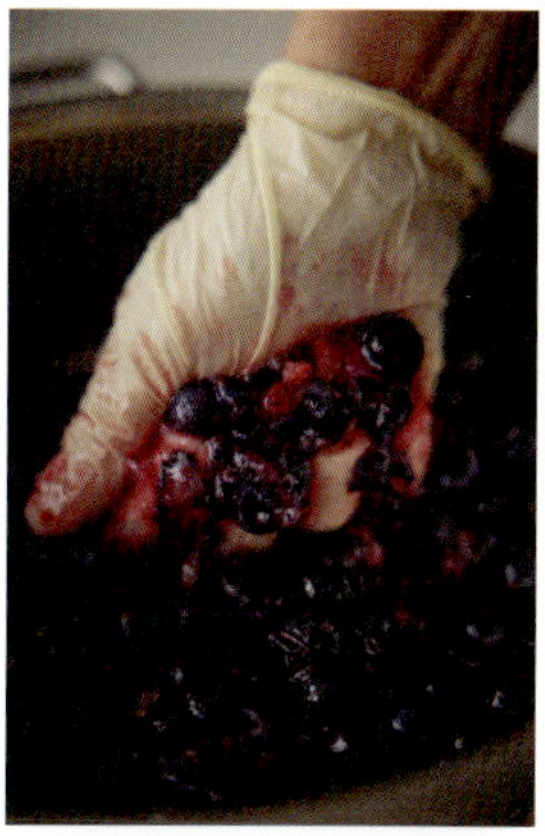

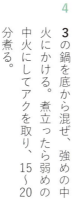

すいか

〔材料〕 作りやすい分量

すいか…500g

グラニュー糖…200g

保存期間・冷蔵庫で２週間

すいかシロップ

すいかの香りと味を楽しむ盛夏のレシピ。
食べておいしい甘いすいかを使います。

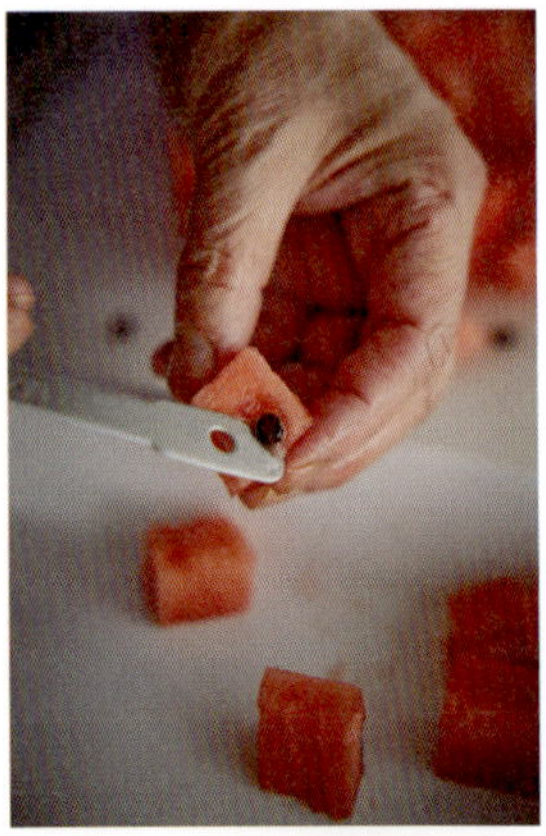

〔作り方〕

1 すいかは皮の部分を切り落とし、見える範囲の種を除く。１cm角に切り、できる限り種を取り除く。正味３００g目安。

2 保存瓶にすいか、グラニュー糖を順に入れ、きっちりとふたをして、すいかとグラニュー糖が混ざるように瓶の上下を返す。

3 ２週間ほど冷蔵庫において、完全にグラニュー糖を溶かす。

4 万能濾し器で静かに濾し、保存瓶に入れてふたをし、冷蔵庫で保存する。

◆こんな使い方で

すいかスカッシュ

グラスにすいかシロップ、氷、レモンの輪切りを入れ、冷たい炭酸水を注いで混ぜる。すいかがあれば小さく切って飾る。

◆こんな使い方で

すいかゼリー

1 板ゼラチン４gは水適量に入れてふやかす。

2 鍋に水⅔カップを入れて60℃ぐらいに温め、火を止めて、ふやかした板ゼラチンを加えて溶かす。

3 すいかシロップ⅓カップを加えて混ぜ、グラスなどに流し入れ、粗熱を取って冷蔵庫で冷やしかためる。

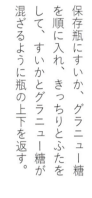

WIDE MOUTH

すいかジャム

すいか色のジャムはとってもキュート。レモン果汁を加えてキリッとした甘さに仕上げます。

〔材料〕 作りやすい分量
すいか…1.5kg
グラニュー糖…180g
（すいかの正味重量の 20%）
レモン果汁…大さじ 2

保存期間・冷蔵庫で 3 ヶ月

〔作り方〕

1 すいかは2㎝くらいの厚さに切り、皮の部分を切り落とし、ざく切りにして、見える範囲の種を取り除く。正味900g目安。

2 手で一口大に割って、種を取りながらフードプロセッサーに入れ、攪拌してピュレ状にする。

3 鍋に**2**、グラニュー糖を入れて混ぜ、グラニュー糖が完全に溶けたら、強めの中火にかける。煮立ったら中火にしてアクをていねいに取り、半量になるぐらいまで25分ほど煮る。

4 レモン果汁を加えてさらに5分ほど煮る。

5 熱いうちに保存瓶に入れてきっちりとふたをして、脱気する（p.11参照）。冷めたら冷蔵庫で保存する。

◆こんな使い方で

ブリオッシュサンド

ブリオッシュを横半分に切って軽く焼き、クリームチーズ、すいかジャムをはさむ。好みで塩をふる。

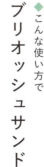

プルーン

〔材料〕 作りやすい分量
プルーン…300g
氷砂糖…50 ～ 70g
ホワイトリカー…500mℓ

保存期間・冷暗所で６ヶ月

プルーン酒

生のプルーンは甘くて力強い味わい。お酒にすると深紅の色合いになって美味。

〔作り方〕

1 プルーンは洗い、ザルに上げて水気を拭く。縦に切り込みを入れて半分にし、種と種のまわりのかたい部分を取り除き、さらに縦半分に切る。正味250g目安。

2 保存瓶にプルーン、氷砂糖を順に入れ、ホワイトリカーを注ぎ、きっちりとふたをする。冷暗所に2～3ヶ月おく。

3 プルーンを取り出し、ふたをして保存する。

◆こんな使い方で
プルーンコーラ
グラスにプルーン酒、氷を入れ、コーラを注いで混ぜる。

プルーンジャム

酸味があるのでレモン果汁は不要。
とろりとするまでしっかり煮るのがポイントです。

〔材料〕 作りやすい分量
プルーン…900g
グラニュー糖…400 ～ 480g（プルーンの正味重量の 50 ～ 60%）

保存期間・冷蔵庫で１年

〔作り方〕

1 プルーンは洗い、ザルに上げて水気をきる。

2 縦に切り込みを入れて半分にし、種と種のまわりのかたい部分を取り除き、５㎜厚さに切る。正味８００g目安。

3 鍋にプルーン、グラニュー糖を入れて混ぜ、３～4時間おいてグラニュー糖を溶かす。

4 **3**の鍋を底から混ぜ、強めの中火にかける。煮立ったらアクをていねいに取り、中火にして12～15分煮る。

5 熱いうちに保存瓶に入れてふたをきっちりとして、脱気する（p.11参照）。冷めたら冷蔵庫で保存する。

◆こんな使い方で

プルーン アイスキャンディー

牛乳３００㎖にプルーンジャム１００gを混ぜ、アイスキャンディー型に流し入れ、アイスキャンディー棒を刺し、冷凍庫で冷やしかためる。食べるときに型から出す。

ぶどう

マスカットのシロップ漬け

エメラルドグリーンが目に鮮やか。
相性のいい白ワインを入れて大人味に。

〔材料〕 作りやすい分量
マスカット…1房(500g)
水…2カップ
白ワイン…1カップ
グラニュー糖…150g

保存期間・冷蔵庫で2ヶ月

〔作り方〕

1 鍋に分量の水、白ワイン、グラニュー糖を入れて中火にかけ、グラニュー糖を溶かして冷ます。

2 マスカットは1粒ずつ房からはずし、水で洗い、ザルに上げて水気を拭き、横半分に切る。

3 保存瓶にマスカットを入れ、**1**の冷ましたシロップを注ぎ、ふたをする。

4 冷蔵庫で3週間〜1ヶ月おく。

◆こんな使い方で

マスカットのモヒート風

グラスに細かく砕いた氷、マスカット、シロップ、ミントを入れ、冷たい炭酸水を注いで混ぜる。

巨峰ジャム

巨峰の濃厚な果汁と高貴な色を生かした贅沢なぶどうジャム。
皮も一緒に煮るのがポイント。

◆こんな使い方で
ホットケーキ＋巨峰ジャム
ホットケーキを焼いて器に盛り、巨峰ジャム、バターをのせる。

〔材料〕 作りやすい分量
巨峰（種なし）… 2房（1.2kg）
水… 1カップ
グラニュー糖…270g（巨峰の正味重量の 40%）
レモン果汁…大さじ3

保存期間・冷蔵庫で1ヶ月

〔作り方〕

1 巨峰は1粒ずつ房からはずし、水でよく洗い、ザルに上げて水気を拭く。皮をはがすようにして取り、横3等分に切り、もし種があったら取り除く。皮も使うので取っておく。

2 鍋に**1**の皮と分量の水を入れて中火にかけ、煮立ったら、ふたをして弱火で5〜6分煮る。万能濾し器で濾す。**1**の実と煮汁を合わせて正味680g目安。

3 鍋に巨峰、グラニュー糖、**2**の煮汁を入れて混ぜ、中火にかける。煮立ったら弱めの中火にしてアクを取り、15分ほど煮る。

4 レモン果汁を加え、とろりとするまでさらに3〜5分煮る。

5 熱いうちに保存瓶に入れてきっちりとふたをして、脱気する（p.11参照）。冷めたら冷蔵庫で保存する。

すだち

すだち酒

すだちは皮が薄いので、皮ごと漬ける果実酒向き。さわやかな香りを感じます。

〔材料〕 作りやすい分量

すだち…350g

氷砂糖…80 ～ 100g

ホワイトリカー…600㎖

保存期間・冷暗所で６ヶ月

〔作り方〕

1 すだちはタワシで皮を洗い、水気を拭く。５㎜厚さの輪切りにし、竹串などで種を取る。

2 保存瓶にすだちと氷砂糖を交互に入れ、ホワイトリカーを注ぎ、きっちりとふたをする。冷暗所に2～3ヶ月おく。

3 目印に果肉を1切れだけ残して取り出し、ふたをして保存する。果実を残しておくと、なんの果実酒かすぐわかる。

◆こんな使い方で

すだち酒ストレート

リキュールグラスにすだち酒を注いで、
そのまま楽しむ。

いちじく

いちじく酒

いちじくはやさしい味なので、レモンを入れると味にメリハリがつきます。

〔材料〕 作りやすい分量

いちじく…4個(260g)
氷砂糖…70g
レモン(国産)…½個
ホワイトリカー…600mℓ

保存期間・冷暗所で5〜6ヶ月

〔作り方〕

1 いちじくは洗い、水気を拭き、ヘタを切って皮ごと横1cm厚さの輪切りにする。

2 レモンは薄い輪切りにする。

3 保存瓶にいちじくと氷砂糖を交互に入れ、レモンを加え、ホワイトリカーを注ぎ、きっちりとふたをする。冷暗所に1〜2ヶ月おく。

4 いちじくを取り出し、ふたをして保存する。

◆こんな使い方で

いちじく酒＋クラッシュアイス

クラッシュした氷をグラスに入れ、いちじく酒を注ぐ。

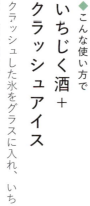

いちじくのコンポート

丸ごとコンポートにしておいしいのが、いちじく。赤ワインやスパイスを使って秋らしい味わいに仕上げます。

〔材料〕 作りやすい分量

いちじく…大6個(450g)
レモンの輪切り…½個分
シナモンスティック…½本
黒粒こしょう…4～5粒
バニラビーンズ…5～6㎝
赤ワイン…1½カップ
グラニュー糖…100g

保存期間・冷蔵庫で2週間

〔作り方〕

1 いちじくはさっと洗い、ヘタを切りそろえる。

2 鍋(直径18㎝くらい)にいちじくを入れ、レモン、半分に折ったシナモンスティック、黒粒こしょう、バニラビーンズを種をさやからこそげ出して加える。

3 赤ワインを注ぎ入れ、グラニュー糖を加え、水でぬらしてかたく絞ったガーゼをかぶせる。

4 **3**の鍋を中火にかけ、煮立ったら弱めの中火にし、ふたをして20分ほど煮る。途中いちじくの上下を返す。

5 火を止めてそのまま冷ます。

6 保存容器にいちじくを入れて漬け汁を注ぎ、きっちりとふたをして冷蔵庫で保存する。

◆こんな使い方で

そのまま楽しむ

少し深さのある器にいちじくのコンポート1個を盛り、漬け汁を注ぐ。

いちじくジャム

しっかり煮詰めて作ったジャムは
いちじくのおいしさがギュッと凝縮！

〔材料〕 作りやすい分量
いちじく…1kg
グラニュー糖…450g（いちじくの正味重量の60%）
レモン果汁…⅓カップ

保存期間・冷蔵庫で1年

〔作り方〕

1 いちじくはヘタとともに皮をはがすようにむき、縦4つ割りにし、5〜6㎜厚さに切る。正味750g目安。

2 鍋にいちじく、グラニュー糖を入れて混ぜ、3〜4時間おいてグラニュー糖を溶かす。

3 **2**の鍋を底から混ぜ、強めの中火にかける。煮立ったら、中火にしてアクをていねいに取り、ときどき鍋の底から混ぜ、12〜15分煮る。

4 レモン果汁を加え、さらに3〜5分煮る。

5 熱いうちに保存瓶に入れてきっちりとふたをして、脱気する（p.11参照）。冷めたら冷蔵庫で保存する。

◆こんな使い方で
紅茶＋いちじくジャム
濃いめに淹れた紅茶に、いちじくジャムを加えて混ぜる。

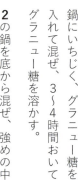

栗

〔材料〕 作りやすい分量
栗…800g
水…1½ カップ
グラニュー糖…200g（栗の正味重量の 50%）
塩…少々
ラム酒…大さじ 2

保存期間・冷蔵庫で６ヶ月

栗ジャム

栗はほかのジャムに比べて傷みやすいので、ラム酒を入れます。高級感のある味わいが楽しめます。

〔作り方〕

1 栗は水で洗い、ザルに上げて水気をきる。鍋に入れてたっぷりの水(分量外)を注ぎ、ふたをして強火にかける。煮立ったら中火にし、40~60分ゆでてザルに上げる。

2 栗の粗熱が取れたら半分に切り、スプーンで中身を取り出す。正味400g目安。

3 **2**を万能濾し器で裏濾しする。

4 鍋に**3**の栗、分量の水、グラニュー糖、塩を入れて混ぜ、中火にかけ、とろりとしてなめらかになるまで練り合わせる。最後にラム酒を入れて混ぜる。

5 熱いうちに保存瓶に入れてきっちりとふたをして、脱気する(p.11参照)。冷めたら冷蔵庫で保存する。

◆こんな使い方で
栗ジャム＋メレンゲ

器に、焼きメレンゲ(市販)、栗ジャム、ホイップした生クリームを盛り合わせる。焼きメレンゲに栗ジャムと生クリームをのせて食べる。

栗バタークリーム

栗ジャムをアレンジ。水の代わりに牛乳を使い、バターを練り込んで仕上げた、リッチテイスト。

〔作り方〕

1 栗は水で洗い、ザルに上げて水気をきる。鍋に入れてたっぷりの水を注ぎ、ふたをして強火にかける。煮立ったら中火にし、40〜60分ゆでてザルに上げる。

2 栗の粗熱が取れたら半分に切り、スプーンで中身を取り出す。正味300g目安。

3 **2**を万能濾し器で裏濾しする。

4 鍋に**3**の栗、牛乳、グラニュー糖、塩を入れて混ぜ、中火にかけ、とろりとしてなめらかになるまで練り合わせる。

5 バターを加えて溶かし、最後にラム酒を入れて混ぜる。

6 熱いうちに保存瓶に入れてきっちりとふたをして、脱気する(p.11参照)。冷めたら冷蔵庫で保存する。

〔材料〕 作りやすい分量

栗…600g

牛乳…1カップ

グラニュー糖…120g(栗の正味重量の40%)

塩…少々

バター(食塩不使用)…40g

ラム酒…大さじ1

保存期間・冷蔵庫で1〜2ヶ月

◆こんな使い方で

食パン＋栗バタークリーム

サンドイッチ用食パン(耳なし)を4〜6等分に切り、栗バタークリームをたっぷりとのせ、塩少々をふる。サンドイッチにしても。

洋なし

洋なし酒

皮に浅い切り込みを入れて漬け込むのがポイント。ちょっと贅沢なお酒です。

〔材料〕作りやすい分量
洋なし…３個（750g）
レモン（国産）…１個
氷砂糖…150 ～ 250g
シナモンスティック…１本
ホワイトリカー…600 ～ 700mℓ

保存期間・冷暗所で５～６ヶ月

〔作り方〕

1 洋なしはやわらかい布（さらしなど）を使ってやさしく皮を洗い、水気を拭く。縦半割りにし、切り口を下にして縦におき、皮に５㎜幅の浅い切り込みを入れる。さらに縦半分に切る。

2 レモンは皮をよく洗い、水気を拭き、８㎜厚さの輪切りにする。

3 保存瓶に洋なし、レモン、氷砂糖を交互に入れ、シナモンスティックを加える。

4 ホワイトリカーを注ぎ、きっちりとふたをする。冷暗所で2～3ヶ月おく。

5 万能濾し器で濾して保存瓶に入れ、ふたをして保存する。

◆こんな使い方で

洋なし酒ロック

グラスに氷を入れ、洋なし酒を注ぐ。

洋なしのコンポート

白ワインベースのシロップでマリネして洋なし独特の芳醇な香りと味を楽しみます。

〔材料〕 作りやすい分量
洋なし…小3個(600g)
レモン(国産)…½個
水…2カップ
白ワイン…⅔カップ
シナモンスティック…1本
黒粒こしょう…4～5粒
グラニュー糖…150g

保存期間・冷蔵庫で2週間

〔作り方〕

1 洋なしはヘタをつけたまま皮をむいて縦半割りにし、お尻の部分をV字に切り取り、くり抜き器で芯を丸くくり抜く。正味450g目安。

2 鍋に分量の水、白ワイン、シナモンスティック、黒粒こしょう、グラニュー糖を入れて中火にかけ、煮立ったら、洋なしを入れる。再び煮立ったら弱火にし、5分ほど煮る。

3 レモンは皮をよく洗い、薄い輪切りにして種を取る。

4 保存容器に**2**の洋なし、黒粒こしょうを入れ、漬け汁を注ぎ、レモンを加える。

5 完全に冷めたらきっちりとふたをし、冷蔵庫で保存する。

◆こんな使い方で
洋なしのコンポート＋ホイップクリーム

洋なしを器に盛り、漬け汁をかけ、とろりと泡立てた生クリームをのせる。

柿

〔材料〕 作りやすい分量

柿…4個（700g）
氷砂糖…200 ～ 300g
ローズマリー…2枝
ホワイトリカー…500 ～ 600mℓ

保存期間・冷暗所で5～6ヶ月

〔作り方〕

1 柿はヘタの部分を切り取り、皮を洗い、水気を拭く。横1㎝厚さの輪切りにし、種を取る。

2 保存瓶に柿と氷砂糖を交互に入れ、ローズマリーを加える。

3 ホワイトリカーを注ぎ、きっちりとふたをする。冷暗所に2～3ヶ月おく。

4 目印に果肉を1切れだけ残して取り出し、ふたをして保存する。

柿酒

あっさりとした飲み口なので、
ローズマリーで香りをプラス。
熟成させるとまろやかになります。

◆こんな使い方で

炭酸割り

グラスに柿酒を入れ、冷たい炭酸水を注いで混ぜる。

柿ジャム

フードプロセッサーでなめらかにしてからジャムにします。しょうががアクセントです。

〔材料〕 作りやすい分量

柿…４個(800g)
グラニュー糖…280g（柿の正味重量の 40%）
しょうがのすりおろし…20g
レモン果汁…⅓ カップ

保存期間・冷蔵庫で１年

〔作り方〕

1 柿は皮をむき、縦半分に切り、ヘタの部分をV字に切り取る。切り口を下にしておき、横3等分に切り、種を取り除いて一口大に切る。正味700g目安。

2 フードプロセッサーに入れて攪拌し、ピュレ状にする。

3 鍋に**2**の柿、グラニュー糖を入れて混ぜ合わせ、グラニュー糖が完全に溶けるまでおく。

4 **3**の鍋を中火にかけ、煮立ったら、弱めの中火にして7～8分煮る。

5 しょうがのすりおろし、レモン果汁を加えて混ぜ、さらに3～5分煮る。

6 熱いうちに保存瓶に入れてきっちりとふたをして、脱気する（p.11参照）。冷めたら冷蔵庫で保存する。

◆こんな使い方で

白玉の柿ジャムがけ

1 ボウルに白玉粉½カップを入れ、水大さじ3～4を少しずつ加えて耳たぶ程度のかたさに練る。小さくちぎって手で丸め、たっぷりの湯でゆで、冷水に取って冷ます。

2 水気をきって器に盛り、柿ジャムをかける。

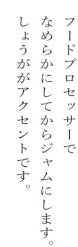

ざくろ

〔材料〕 作りやすい分量
ざくろ(国産)…2個(400g)
氷砂糖…50 ～ 70g
キルシュワッサー…150mℓ

保存期間・冷暗所で5～6ヶ月

ざくろ酒

華やかな香りのキルシュワッサーで漬けるとほどよい酸味と甘み、芳醇な味わい。

〔作り方〕

1 ざくろは上下を少し切り落とし、外側のかたい皮に縦に数本切り込みを入れ、手で割るようにして広げて赤い粒を取り出す。正味150g目安。

2 ボウルに入れてたっぷりの水で洗い、浮いたクズなどを取り除き、ザルに上げて水気を拭く。

3 保存瓶にざくろを入れ、氷砂糖を加え、キルシュワッサーを注ぐ。

4 きっちりとふたをし、冷暗所に2～3ヶ月おく。

5 万能濾し器で濾して保存瓶に入れ、ふたをして保存する。

◆こんな使い方で

ざくろ酒ストレート

グラスにざくろ酒を注いでそのまま楽しむ。

ざくろシロップ

ざくろのもつ自然の酸味と
透明感のある紅赤色が魅力的。

〔材料〕 作りやすい分量
ざくろ(国産)…大３個(750g)
グラニュー糖…90 ～ 100g

保存期間・冷蔵庫で５～６ヶ月

〔作り方〕

1 ざくろは上下を少し切り落とし、外側のかたい皮に縦に数本切り込みを入れ、手で割るようにして広げて赤い粒を取り出す。正味260g目安。

2 ボウルに入れてたっぷりの水で洗い、浮いたクズなどを取り除き、ザルに上げて水気を拭く。

3 **2**をミキサーに入れて攪拌し、果肉をすりつぶしながら、目の細かいザルで濾す。

4 計量カップなどに入れて冷蔵庫で一晩おき、不純物を沈殿させる。

5 **4**の上の部分の汁だけ(100g目安)を小鍋に入れ、グラニュー糖を加えて混ぜ、弱めの中火にかける。グラニュー糖が溶けて煮立ったら、５分ほど煮つめる。

6 保存瓶に入れて冷まし、ふたをして冷蔵庫で保存する。

◆こんな使い方で
ざくろのカクテル
ざくろシロップをカクテルグラスに入れ、ジンまたはホワイトラムで割る。割合は好みで。

りんご

皮なし、皮あり。色の異なる2種類のジャムを作ります。皮なしは甘みが際立ち、皮ありは酸味がおいしさを盛り立てます。どちらも透明感が出てあめ色に輝くまで煮るのがポイント。

白いりんごジャム

◆作り方は104ページ

赤いりんごジャム

◆作り方は105ページ

◆こんな使い方で

ジャムトースト

薄切りのイギリスパンを軽くトーストし、白いりんごジャム、赤いりんごジャムをのせる。バターをぬった上にのせてもよい。

白いりんごジャム

〔材料〕 作りやすい分量

りんご（紅玉）…4〜5個（1kg）

グラニュー糖…450〜530g

（りんごの正味重量の60〜70%）

レモン果汁…½カップ

保存期間・冷蔵庫で1年

〔作り方〕

1 りんごは洗い、水気を拭く。皮を薄くむき、縦8つ割りにして芯を切り取り、8㎜〜1㎝厚さに切る。正味760g目安。

2 鍋にりんご、グラニュー糖を入れて全体に絡め、2〜6時間おいてグラニュー糖を溶かす。

3 **2**の鍋を底から混ぜ、中火にかける。煮立ったら弱めの中火にしてアクをていねいに取り、ふたをして15〜20分、りんごがやわらかくなるまで煮る。

4 レモン果汁を加え、さらに5分ほど煮る。

5 熱いうちに保存瓶に入れてきっちりとふたをして、脱気する（p.11参照）。冷めたら冷蔵庫で保存する。

赤いりんごジャム

〔材料〕 作りやすい分量
りんご(紅玉)…4〜5個(1kg)
グラニュー糖…450〜530g
（りんごの正味重量の60〜70%）
レモン果汁…½カップ

保存期間・冷蔵庫で1年

〔作り方〕

1 りんごは皮をやわらかい布巾またはキッチンペーパーを使ってよく洗い、水気を拭く。皮を薄くむき、縦8つ割りにして芯を切り取り、8㎜〜1㎝厚さに切る。正味760g目安。皮も使うので取っておく。

2 鍋にりんご、りんごの皮（赤い部分）、グラニュー糖を入れて全体に絡め、2〜6時間おいてグラニュー糖を溶かす。

3 **2**の鍋を底から混ぜ、中火にかける。煮立ったら、弱めの中火にしてアクをていねいにとり、ふたをして15〜20分、りんごがやわらかくなるまで煮る。

4 レモン果汁を加えてさらに5分ほど煮、りんごの皮を取り出す。

5 熱いうちに保存瓶に入れてきっちりとふたをして、脱気する（p.11参照）。冷めたら冷蔵庫で保存する。

かりん

かりん酒

かりんは熟して香りのよく出たものを使うのがおすすめ。長くおくほどにコクが出てまろやかになります。

〔材料〕 作りやすい分量
かりん…3個（600g）
レモン（国産）…1個
氷砂糖…200～300g
ホワイトリカー…1200mℓ

保存期間・冷暗所で5～6ヶ月

〔作り方〕

1 かりんは皮をよく洗い、水気を拭く。上下を少し切り落とし、1㎝厚さの輪切りにする。

2 レモンは皮を洗って水気を拭き、5㎜厚さの輪切りにする。

3 保存瓶にかりん、レモン、氷砂糖を交互に入れる。

4 ホワイトリカーを注ぎ、きっちりとふたをする。冷暗所に3ヶ月ほどおく。

5 かりんを取り出し、万能濾し器で濾して保存瓶に入れ、ふたをして保存する。1～2切れ入れておくと、なんの果実酒かすぐにわかる。

◆こんな使い方で
かりん酒のお湯割り
かりん酒を耐熱グラスなどに入れ、熱湯を注いで混ぜる。

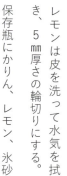

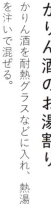

かりんのはちみつ漬け

かりんの種も芳香があるので、一緒に漬けます。かりん自体はかたくて渋いので食べず、香りの移ったはちみつを味わいます。

〔材料〕 作りやすい分量
かりん…大1個(250g)
はちみつ…500g

保存期間・冷暗所で5〜6ヶ月

〔作り方〕

1 かりんは皮をよく洗い、水気を拭く。上下を少し切り落とし、5㎜厚さの輪切りにする。

2 保存瓶にかりんを入れ、はちみつをかぶるくらいまで注ぎ、きっちりとふたをする。

3 冷暗所に1〜2ヶ月おく。

◆こんな使い方で
甘酒＋かりんはちみつ

温めた甘酒を耐熱グラスなどに入れ、かりんのはちみつ漬けを加えて混ぜる。加える量は好みで。

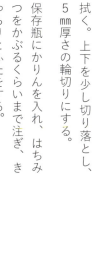

かりんジャム

かりんをゆっくりと煮てエキスを出し、その煮汁でジャムを作ります。ゼリーのような透明感が素敵。

〔**材料**〕 作りやすい分量

かりん…大4個（1kg）

水…2ℓ

グラニュー糖…600g

レモン果汁…⅓カップ

保存期間・冷蔵庫で6ヶ月

〔**作り方**〕

1. かりんは皮をよく洗い、水気を拭く。上下を少し切り落とし、縦4つ割りにし、3㎝厚さに切る。
2. 鍋にかりん、分量の水を入れて強火にかけ、煮立ったら弱火にしてふたをし、1時間30分〜2時間煮る。万能濾し器で濾す。正味1ℓ目安。
3. **2**の煮汁を鍋に戻し入れ、グラニュー糖を加えて混ぜる。
4. **3**の鍋を強めの中火にかけ、煮立ったら中火にして20〜25分ほど煮る。
5. レモン果汁を加え、さらに3〜5分煮る。
6. 熱いうちに保存瓶に入れてきっちりとふたをして、脱気する（p.11参照）。冷めたら冷蔵庫で保存する。

◆こんな使い方で

かりんジャムとチーズのカナッペ

サンドイッチ用パンをカリッとトーストして食べやすい大きさに切り、ハードチーズ（エメンタールチーズなど）の薄切り、かりんジャムを盛り合わせる。パンにチーズとかりんジャムをのせて食べる。

みかん

〔材料〕 作りやすい分量
みかん(小粒)…400g
水…2カップ
白ワイン…⅓カップ
グラニュー糖…150g
カルダモン…2粒
黒粒こしょう…4〜5粒
ローリエ…1枚

保存期間・冷蔵庫で1〜2ヶ月

〔作り方〕

1 みかんは皮をむき、白い筋もできるだけ取り除く。

2 鍋に分量の水、白ワイン、グラニュー糖、カルダモン、黒粒こしょう、ローリエを入れて中火にかけ、煮立ったら、火を弱めてグラニュー糖を完全に溶かす。

みかんのシロップ煮

甘くて小粒のみかんを丸ごと漬け込みます。スパイスで香りをつけると味に深みが出ます。

3 **2**にみかんを入れて中火にし、再び煮立ったら、弱火にして3〜5分煮る。

4 火を止めて粗熱が取れるまでそのままおく。

5 保存瓶にみかんを入れ、**4**のシロップを注いで完全に冷まし、ふたをして、冷蔵庫で保存する。

◆こんな使い方で
そのまま楽しむ
みかんを器に盛り、シロップを注ぐ。冷やすとさらにおいしい。

みかんジャム

レモンで味を締めると、
みかんの味が引き立ちます。
シナモンの甘い香りがアクセント。

〔作り方〕

1 みかんは皮をむき、白い筋を取り、2～3房ずつに分ける。正味600g目安。

2 フードプロセッサーに入れて攪拌し、ピュレ状にする。

3 **2**を鍋に移し、グラニュー糖、シナモンスティックを加え、全体を混ぜる。

4 強めの中火にかけ、煮立ったら中火にしてアクを取り、10～12分煮る。

5 レモン果汁を加え、さらに3～5分煮る。

6 熱いうちに保存瓶に入れ、一緒に煮たシナモンスティックを小さく切ってのせる。きっちりとふたをして、脱気する（p.11参照）。冷めたら冷蔵庫で保存する。

〔材料〕 作りやすい分量

みかん…小8個（800g）

グラニュー糖…180g

（みかんの正味重量の30%）

シナモンスティック…½本

レモン果汁…½カップ

保存期間・冷蔵庫で1年

◆こんな使い方で

チョコレートアイス＋みかんジャム

器にチョコレートアイスクリームを盛り、みかんジャムをかける。

きんかん

〔材料〕 作りやすい分量
きんかん…300g
氷砂糖…100 ～ 150g
黒粒こしょう…10 ～ 11 粒
赤唐辛子…１本
ホワイトリカー…500mℓ

保存期間・冷暗所で５～６ヶ月

きんかん酒

豊かな香りをもつきんかんは果実酒向き。黒粒こしょうと赤唐辛子で味が引き締まり、よりおいしく感じられます。

〔作り方〕

1 きんかんは洗ってザルに上げ、竹串でヘタを刺すようにして取り、水気を拭く。

2 包丁で縦に浅く４本ほど切り込みを入れる。

3 保存瓶にきんかんと氷砂糖を交互に入れ、黒粒こしょう、赤唐辛子を加える。

4 ホワイトリカーを注ぎ、きっちりとふたをする。冷暗所に２～３ヶ月おく。

5 きんかんを取り出し、万能濾し器で濾して保存瓶に入れ、ふたをして保存する。１個残して入れておくと、なんの果実酒かすぐにわかる。

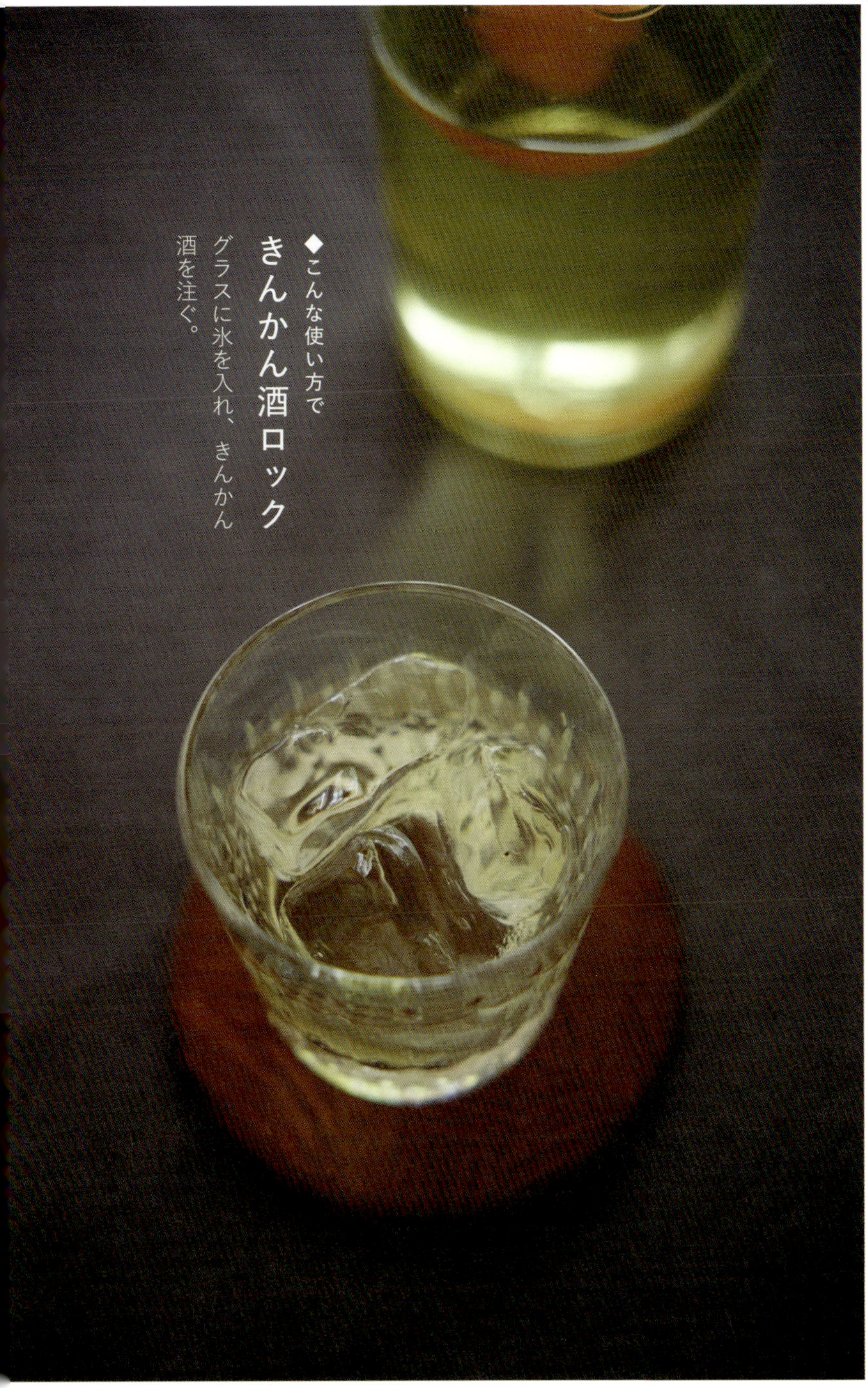

◆こんな使い方で

きんかん酒ロック

グラスに氷を入れ、きんかん酒を注ぐ。

きんかんのシロップ煮

シロップで煮たきんかんは艶やかで、シロップも味がよいのが魅力。このまま手土産にしても喜ばれます。

◆こんな使い方で
そのまま楽しむ
きんかんを器に盛り、シロップを少しかける。

〔材料〕作りやすい分量
きんかん(大きめのもの)…350g
水…500mℓ
グラニュー糖…150g

保存期間・冷蔵庫で2〜3ヶ月

〔作り方〕
1 きんかんは洗ってザルに上げ、竹串でヘタを刺すようにして取り、水気を拭く。
2 鍋に分量の水、グラニュー糖を入れて中火にかけて煮立て、グラニュー糖を溶かす。
3 きんかんを入れて全体に混ぜ、再び煮立ったら、弱火にして3〜5分煮る。
4 火を止めて粗熱が取れるまでそのままおく。
5 保存瓶にきんかんを入れ、**4**のシロップを注ぎ入れて完全に冷まし、ふたをして、冷蔵庫で保存する。

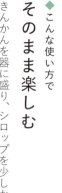

ゆず

ゆず酒

ほんのり甘い香りのホワイトラムで作るとライトな飲み心地。ゆずは黄ゆずを使います。

〔材料〕 作りやすい分量

ゆず…２個（260g）
氷砂糖…80 ～ 130g
ホワイトラム…450 ～ 500mℓ

保存期間・冷暗所で３～４ヶ月

〔作り方〕

1 ゆずは皮をタワシでよく洗い、水気を拭く。
2 縦４つ割りにし、ヘタを取り、長さを半分に切って種を取る。
3 保存瓶にゆずと氷砂糖を交互に入れる。
4 ホワイトラムを注ぎ、きっちりとふたをする。冷暗所に2～3ヶ月おく。
5 ゆずを取り出して万能濾し器で濾し、瓶に戻し入れ、ふたをして保存する。ゆずを1切れ入れておくと、なんの果実酒かすぐにわかる。

◆こんな使い方で

ゆず酒のお湯割り

ゆず酒を耐熱グラスなどに入れ、熱湯を注いで混ぜる。

WIRE

ゆずビネガー

ゆずがたくさん出回る時期に
作っておきたいのがビネガー。
ドレッシングや酢めしに使い回せます。

〔材料〕 作りやすい分量
ゆず…２個（260g）
氷砂糖…80 ～ 130g
りんご酢…400mℓ

保存期間・冷蔵庫で３～４ヶ月

〔作り方〕

1 ゆずは皮をタワシでよく洗い、水気を拭く。

2 ヘタを取り、１cm厚さの輪切りにして種を取る。

3 保存瓶にゆずと氷砂糖を交互に入れ、りんご酢を注ぎ、きっちりとふたをする。冷暗所に2～3ヶ月おく。

4 **3**を万能濾し器で濾し、保存瓶に入れてふたをし、冷蔵庫で保存する。

◆こんな使い方で

簡単混ぜずし

1 温かいご飯にゆずビネガーをふって混ぜる。量は好みでOK。

2 きゅうりの塩もみ、しらす干し、白炒りごまを加えて混ぜ合わせる。

ゆずのシロップ漬け

ジャムを作るより簡単。
ゆずのもつ水分と
グラニュー糖の甘さだけで、
こんなにおいしい！

〔材料〕 作りやすい分量

ゆず…2 個（260g）

グラニュー糖…200g

保存期間・ 冷蔵庫で 2 週間。早めに使い切る

〔作り方〕

1 ゆずは皮をタワシで洗い、水気を拭く。横半分に切り、果汁を搾る。搾ったあとのゆずは薄皮を取り、細切りにする。搾り汁と皮を合わせて200g目安。

2 保存瓶にゆずの皮の細切り、グラニュー糖、ゆずの搾り汁を順に入れ、きっちりとふたをしてゆずとグラニュー糖が混ざるように瓶を傾けて回す。

3 **2**を1日1回、瓶を傾けて回して全体を絡める。

4 1週間ほど常温においてグラニュー糖が完全に溶けたら、保存容器に移してふたをし、冷蔵庫で保存する。

◆こんな使い方で

ホットミルク＋ゆずのシロップ漬け

温めた牛乳を耐熱グラスなどに入れ、ゆずのシロップ漬けを加えて混ぜる。加える量は好みで。

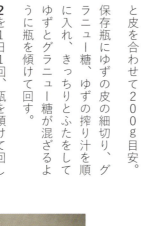

レモン

〔材料〕 作りやすい分量
レモン(国産)… 2 個
スピリタス(ウォッカ)…300mℓ
水…300mℓ
グラニュー糖…160 ～ 200g

保存期間・冷凍庫で 1 年

レモンチェッロ

レモンの皮で作る、口当たりのよい果実酒。
よく冷やしてストレートで飲むと最高です。

〈作り方〉

1 レモンはタワシで皮を洗い、水気を拭き、ピーラーで表面の黄色の部分を削ぎ取る。白い部分は苦みがあるので使わない。

2 保存瓶に**1**のレモンの皮を入れ、スピリタスを注ぎ、きっちりとふたをする。冷暗所で1週間ほどおく。

3 シロップを作る。鍋に分量の水、グラニュー糖を入れて中火にかけて煮立て、グラニュー糖を溶かす。火を止めて冷ます。

4 **2**のレモンの皮を取り出し、**3**のシロップを保存瓶に加えて混ぜる。きっちりとふたをし、さらに冷暗所で1週間ほどおく。その後、冷凍庫で保存する。

◆こんな使い方で

そのまま楽しむ

冷蔵庫で冷やしておいたグラスに、レモンチェッロを注ぐ。

レモンシロップ

フレッシュなレモンを
果肉ごと使ったシロップは
香りがよくて、きれいなレモン色。

〔材料〕 作りやすい分量
レモン（国産）
…4個（560g）
グラニュー糖…160g

保存期間・冷蔵庫で2週間

〔**作り方**〕

1 レモンは皮をタワシで洗い、水気を拭く。両端を少し切り落とし、果肉と白い部分の間に包丁を入れて切り落とし、果肉だけにする。正味160g目安。

2 **1**を縦4つ割りにし、芯の部分の薄皮を切り落として種を取り、横4〜5等分に切る。

3 保存瓶に入れ、グラニュー糖を加えて混ぜ、ふたをきっちりとして冷蔵庫で3〜4日おく。

4 **3**を汁ごとフードプロセッサーに入れて攪拌し、ピュレ状にする。

5 保存瓶に入れてふたをし、冷蔵庫で保存する。

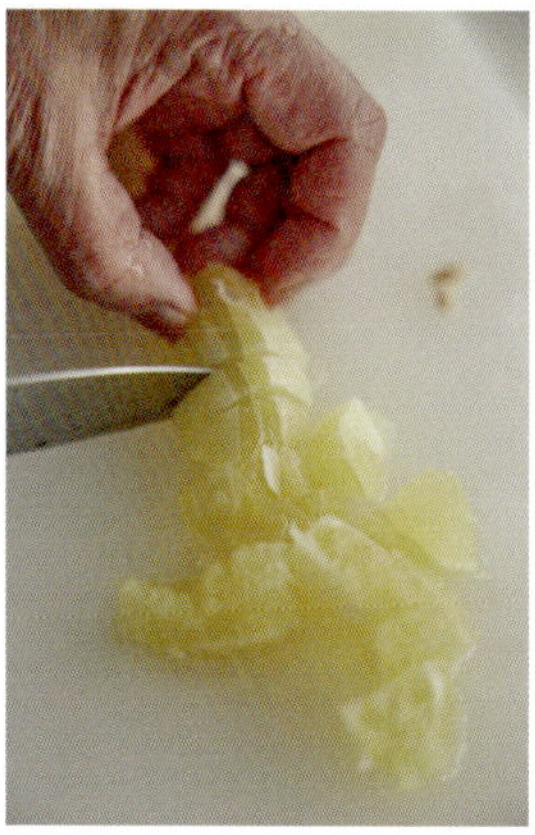

◆こんな使い方で
レモンクリームソーダ

グラスにレモンシロップと冷たい炭酸水を入れて混ぜ、バニラアイスクリームをのせる。

レモンカード

レモン味のカスタードクリーム。
自家製ならではのおいしさです。

〔材料〕 作りやすい分量

レモン(国産)…2個(280g)

卵…2個

グラニュー糖…130g

バター(食塩不使用)…50g

保存期間・冷蔵庫で2週間。早めに使い切る

〔作り方〕

1 レモンはタワシで皮を洗い、水気を拭く。バターは1㎝角に切っておく。

2 ボウルに卵を割りほぐし、グラニュー糖を加えて泡立て器で混ぜ、万能濾し器で濾す。

3 レモンの表面の黄色の部分だけをすりおろして加え、ゴムベラで混ぜる。

4 **3**のレモンを半分に切り、果汁を搾り、**3**のボウルに加えてよく混ぜる。

5 鍋または深めのフライパンに80℃の湯を沸かし、**4**のボウルをのせ、ゴムベラで絶えず混ぜながら、とろみがつくまで20分ほど湯煎にかける。

6 バターを加えて湯煎からはずし、バターが完全に混ざってとろりとするまで混ぜる。

7 熱いうちに保存瓶に入れてきっちりとふたをして、脱気する(p.11参照)。冷めたら冷蔵庫で保存する。

◆こんな使い方で

スコーン＋レモンカード

スコーンを横半分に切り、レモンカードもしくはレモンカード＋クリームチーズをのせる。

ルバーブ

緑のルバーブジャム

◆作り方は134ページ

赤のルバーブジャム

◆作り方は135ページ

緑のルバーブジャム

下ごしらえが少ないから、思いのほか作りやすい！
ルバーブのもつ香りや味がギュッと凝縮しています。

◆こんな使い方で
チャバタ＋緑のルバーブジャム
緑のルバーブジャムは野趣あふれる味なので、チャバタなどのリーンなパンによく合う。

〔**材料**〕 作りやすい分量
緑のルバーブ…1kg
グラニュー糖…600～700g
（ルバーブの正味重量の60～70％）

保存期間・冷蔵庫で1年

〔作り方〕
1 ルバーブは洗って水気をきり、切り口を3～4㎜切り落とし、1㎝幅に切る。
2 鍋にルバーブ、グラニュー糖を入れて混ぜ、4～6時間おいてグラニュー糖を溶かす。
3 **2**の鍋を底から混ぜ、強めの中火にかける。煮立ったら、アクを取りながら10分ほど煮る。
4 中火にし、ときどき底から混ぜながら、さらに5分ほど、とろみがつくまで煮る。
5 熱いうちに保存瓶に入れてきっちりとふたをして、脱気する（p.11参照）。冷めたら冷蔵庫で保存する。

赤のルバーブジャム

初夏が旬だけあって、
目を引くような真っ赤な色が印象的。
ジャムにすると甘酸っぱくて濃厚な味わい。

〔材料〕作りやすい分量
赤のルバーブ…1kg
グラニュー糖…600～700g
（ルバーブの正味重量の60～70％）

保存期間・冷蔵庫で1年

〈作り方〉

1 ルバーブは洗って水気をきり、切り口を3～4㎜切り落とし、1㎝幅に切る。

2 鍋にルバーブ、グラニュー糖を入れて混ぜ、4～6時間おいてグラニュー糖を溶かす。

3 **2**の鍋を底から混ぜ、強めの中火にかける。煮立ったら、アクを取りながら10分ほど煮る。

4 中火にし、ときどき底から混ぜながら、さらに5分ほど、とろみがつくまで煮る。

5 熱いうちに保存瓶に入れてきっちりとふたをして、脱気する（p.11参照）。冷めたら冷蔵庫で保存する。

◆こんな使い方で

パン・ド・カンパーニュ＋赤のルバーブジャム

ナッツやドライフルーツ入りのパン・ド・カンパーニュを厚めに切って軽くトーストし、赤のルバーブジャムをのせる。

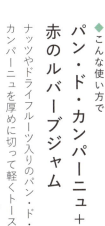

ビーツ

ビーツジャム

ビーツで作るジャムは
鮮やかな赤紫色。
りんごを加えて
フルーティーに仕上げます。

◆こんな使い方で

ビーツジャムとサワークリームのクラッカーのせ

クラッカー（プレーン）にサワークリームをぬり、ビーツジャムをのせる。

〔材料〕 作りやすい分量

ビーツ…２個（700g）
りんご…大１個（300g）
グラニュー糖…300g（ビーツとりんごの正味重量の 50%）
ローリエ…１枚
レモン果汁…大さじ２

保存期間・冷蔵庫で３ヶ月

〔作り方〕

1 ビーツは上下を少し切り落とし、皮をむき、すりおろす。正味400g目安。

2 りんごは4等分に切って皮をむき、芯を切り取り、すりおろす。正味200g目安。

3 鍋にビーツ、りんご、グラニュー糖を入れて混ぜ、中火にかける。煮立ったら弱めの中火にし、アクを取りながら8～10分煮る。

4 ローリエ、レモン果汁を加え、さらに3～5分、とろみがつくまで煮る。

5 熱いうちに保存瓶に入れてきっちりとふたをして、脱気する（p.11参照）。冷めたら冷蔵庫で保存する。

しょうが

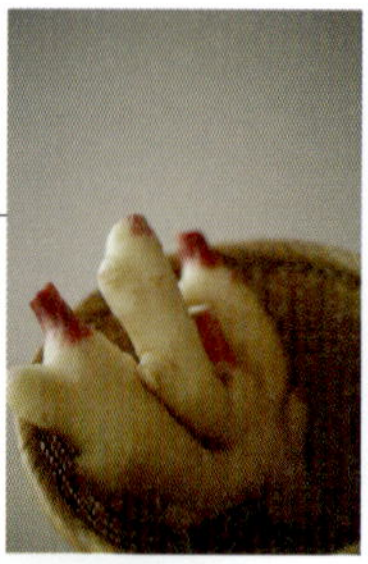

黒糖しょうがシロップ

◆作り方は140ページ

新しょうがのシロップ

◆作り方は141ページ

黒糖しょうがシロップ

黒糖の甘さとスパイスの香りが溶け合った、コクのある味わいが魅力。

〔材料〕 作りやすい分量
しょうが(ひねしょうが)…150g
水…1½カップ
黒糖…200g
ローリエ…1枚
シナモンスティック…1本
カルダモン(ホール)…2～3粒
黒粒こしょう…4～5粒
レモン果汁…大さじ3

保存期間・冷蔵庫で3ヶ月

〔作り方〕
1 しょうがはよく洗い、水気を拭き、皮つきのまますりおろす。
2 鍋に分量の水、黒糖、ローリエ、半分に折ったシナモンスティック、カルダモン、黒粒こしょうを入れる。
3 **1**のしょうがを加えて中火にかけ、煮立ったら弱火にし、ふたをして12～15分煮る。
4 レモン果汁を加えて混ぜ、ふたをしないで2～3分煮る。
5 万能濾し器で濾し、スプーンで押さえて汁気を絞るようにする。
6 保存瓶に入れ、冷めたらふたをし、冷蔵庫で保存する。

◆こんな使い方で
葛切りの黒糖しょうがシロップがけ

1 乾燥葛切りを袋の表示通りにゆで、冷水にとって冷まし、水気をきる。
2 器に盛り、黒糖しょうがシロップをかける。

新しょうがのシロップ

新しょうがの季節限定、
スパイシーでキリッとさわやかな味わい。

◆こんな使い方で

ジンジャーエール

グラスに新しょうがのシロップ、レモンの輪切りを入れ、冷たい炭酸水を注ぎ、氷を入れる。

〔材料〕 作りやすい分量

新しょうが…200g
水…1カップ
グラニュー糖…200g
シナモンスティック…1本
黒粒こしょう…5～6粒
カルダモン…2粒
レモン果汁…大さじ3

保存期間・冷蔵庫で3ヶ月

〔作り方〕

1 新しょうがは洗い、水気を拭き、皮つきのまますりおろす。

2 鍋に分量の水、グラニュー糖、半分に折ったシナモンスティック、黒粒こしょう、カルダモンを入れる。

3 **1**のしょうがを加えて中火にかけ、煮立ったら弱火にし、ふたをして12～15分煮る。

4 レモン果汁を加えて混ぜ、ふたをしないで2～3分煮る。

5 万能濾し器で濾し、スプーンで押さえて汁気を絞るようにする。

6 保存瓶に入れ、冷めたらふたをし、冷蔵庫で保存する。

索引

果実酒

シロップ

ジャム・マーマレード・クリーム

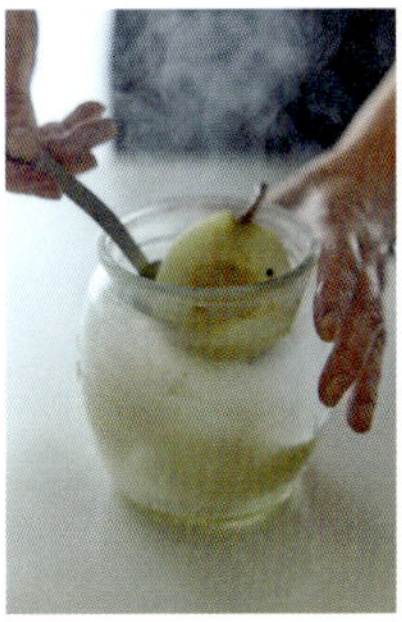
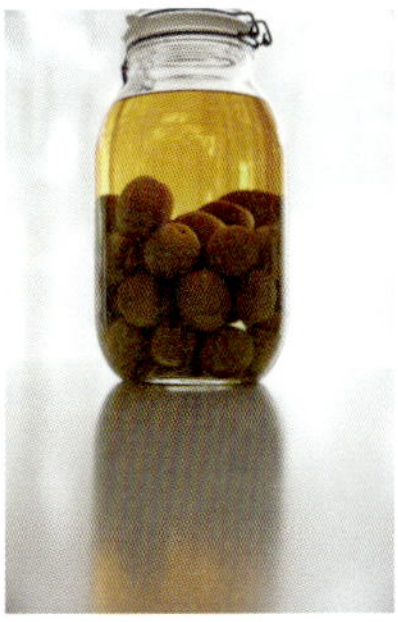
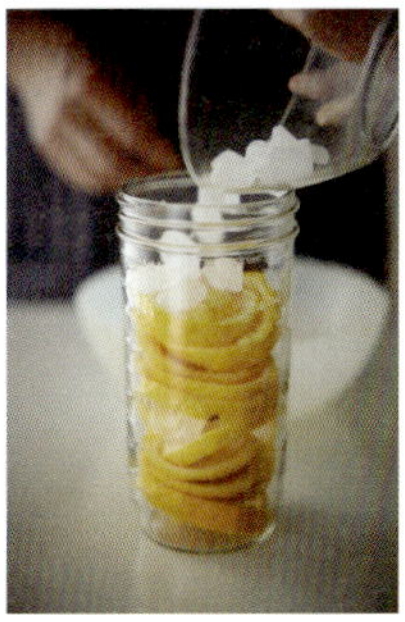
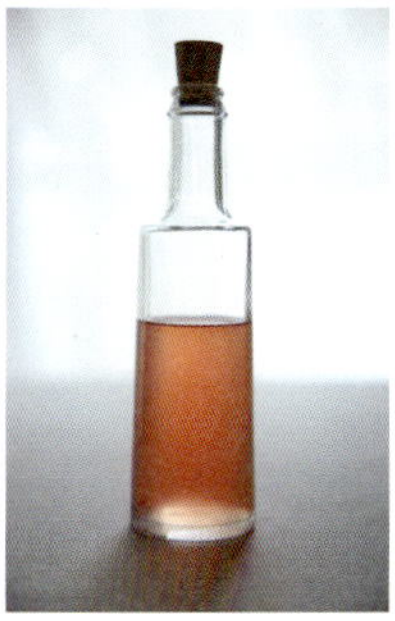

シロップ漬け・はちみつ漬け

シロップ煮

コンポート

ビネガー・ジュース

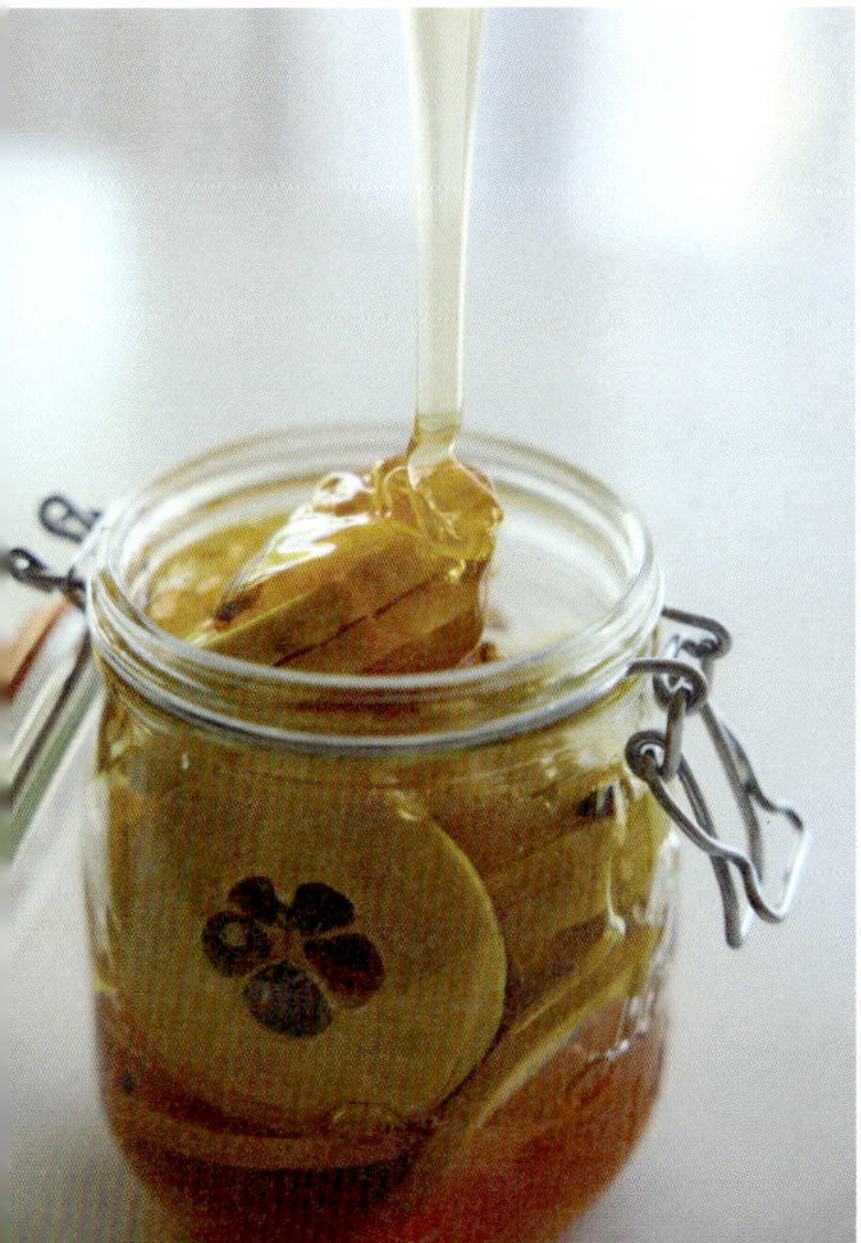
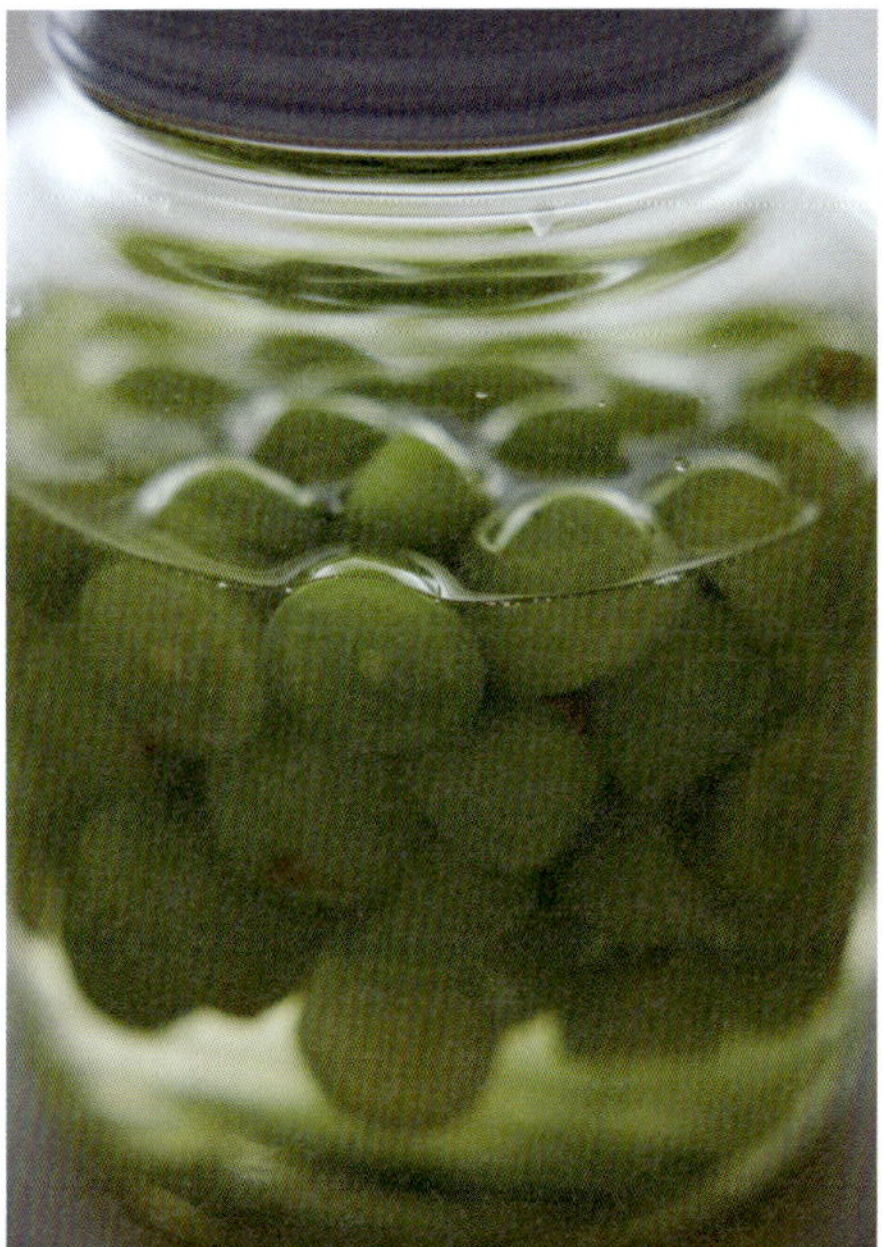
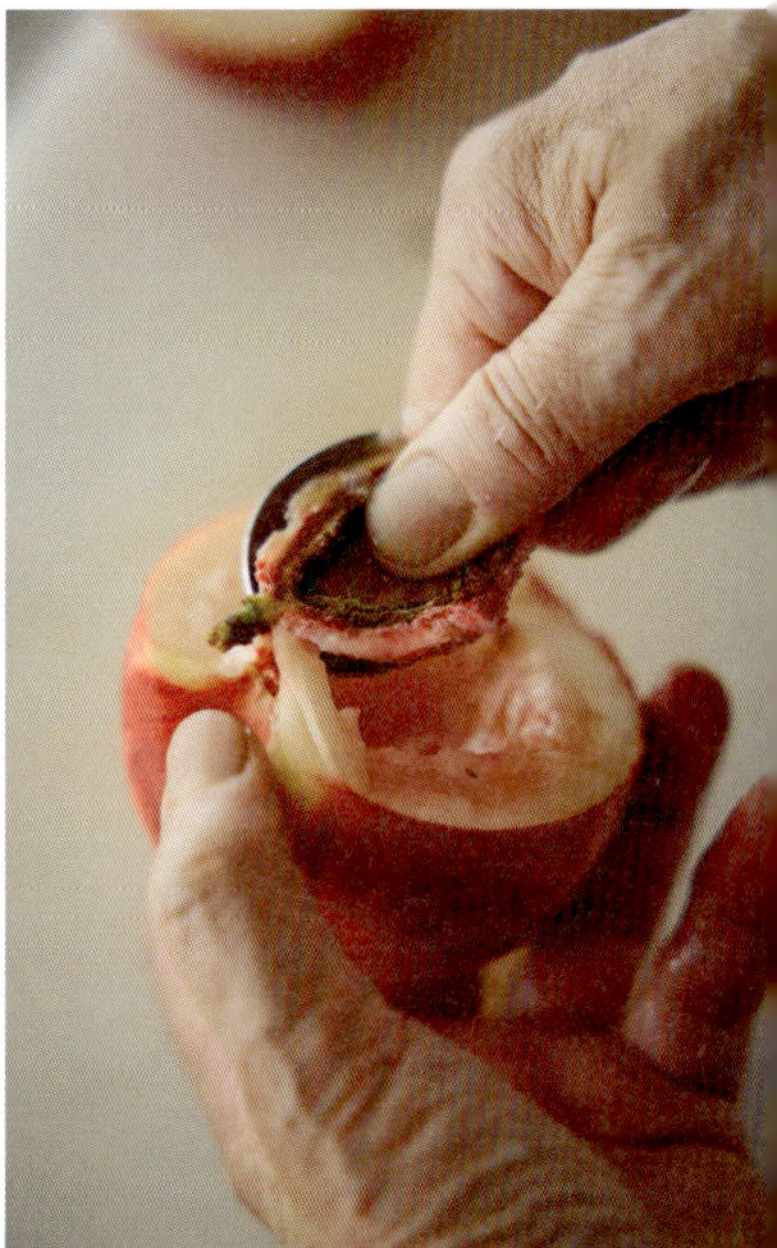

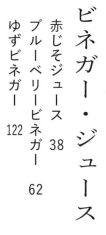

大庭英子
おおば・えいこ

料理研究家歴40年以上、
ジャンルにとらわれない幅広いレパートリーを持ち、
身近な材料と普段使いの調味料で作る家庭料理に定評がある。
季節ごとに作るジャムやシロップも人気で、
そのおいしさは豊富な経験とセンスから生まれたもの。
長年つけてきた保存食ノートがバイブル。

撮影	木村 拓（東京料理写真）
スタイリング	久保原惠理
ブックデザイン	茂木隆行
校正	関根志野
編集・構成	松原京子
企画・編集	川上裕子（成美堂出版編集部）

果物をとことん楽しむ 果実酒、ジャム、シロップ

著 者 大庭《おおば》英子《えいこ》
発行者 深見公子
発行所 成美堂出版
〒162-8445 東京都新宿区新小川町1-7
電話(03)5206-8151 FAX(03)5206-8159
印 刷 大日本印刷株式会社

ISBN978-4-415-33415-8
落丁·乱丁などの不良本はお取り替えします
定価はカバーに表示してあります